湛庐CHEERS

与最聪明的人共同进化

HERE COMES EVERYBODY

CHEERS
湛庐

爱的清单

THE PRACTICE OF LOVE

[美] 莱尔·托伦特（Lair Torrent） 著
吴雨晴 译

浙江科学技术出版社·杭州

测一测

如何改善、修复和重建亲密关系?

扫码加入书架
领取阅读激励

扫码获取全部
测试题及答案,
一起通过爱的练习清单
建立以心为本的联结

- 如果说一段真正充满爱和联结的关系需要一个要素，那这个要素一定就是：（单选题）

  A. 欣赏

  B. 激情

  C. 同情心

  D. 理解力

- 我们都在寻找无条件的积极关注，即被爱和不被评判地接受的感觉。这句话出自：（单选题）

  A. 让·皮亚杰

  B. 阿尔弗雷德·阿德勒

  C. 艾瑞克·弗洛姆

  D. 卡尔·罗杰斯

- 有一种神经假设，认为经常同时激活的神经元最终会连在一起，从而创造支持这种联系的新思维习惯。这个神经假设是：（单选题）

  A. 赫布定律

  B. 感觉阈限定律

  C. 贝叶斯定理

  D. 谢林顿法则

扫描左侧二维码查看本书更多测试题

献给杰克（Jack）和贾斯珀（Jasper）
阿什莉（Ashley），没有你就没有这一切

The Practice of Love

创造关于自我和爱的生命故事

曹雪敏
复旦大学社会心理学博士
国家二级心理咨询师

读完《爱的清单》这本书，我感到很欣喜。对读者来说，这本书提供了明确又可行的行动方案，指引我们努力走向幸福。本书的作者——美国知名婚姻家庭治疗师莱尔·托伦特对于努力的终点持开放态度，他在书中既提供了重回幸福关系的伴侣案例，也提供了成长后选择分开的案例。我认为，这种开放的态度很重要，它意味着作者始终把个体的幸福置于首位，换句话说，作者想表达的是：**“你的幸福很重要”**，而不是“关系表面上的圆满”或者“外界制定的幸福标准”。

说到“你的幸福”，这里的关键词其实并不是“幸福”，而是“你”。正如作者在第二张练习清单“探索自我”和第三张练习清单“学会叙事”中所主张的：为了创造你想要的关系和幸福，你需要探索内在自我和叙事风格。这两步很难，因为这两步正在试图回答这三个问题：“我是谁？”“我从哪里来？”“我要到哪里去？”这三个问题也是咨询中关键的底层议题，找答案和创造答案的过程都不容易，所以我想借这篇文章与你分享一些经验和想法。

认清你的生命叙事

前面三个问题的答案汇总起来就是我们每个人内在的生命故事。根据叙事心理学的观点，每个人都是通过自己的生命故事来构建自我身份，获得自我认同感的。同时，我们也通过生命故事来理解过去、展望未来，并在故事里寻找人生的目的和意义。**当实际的生活体验和生命故事相矛盾时，我们就容易产生困扰，而困扰又会进一步影响我们的人际关系与互动。**

比如，当个体的生命故事是“爱情带来幸福、自己是爱情里的主角”时，如果他在实际体验到的是相处中各种各样的冲突以及各种生活琐事的牵绊，那么他不仅会痛苦绝望，还会质疑自己努力的意义。再比如，当个体从小的生活让他处处感受到优越感时，他的生命故事就是自己天赋异禀、无所不能，但随着长大和进入社会，他实际体验到的可能是各种挫折和周围人的毁誉参半，这时候他不仅会自我怀疑，还容易丧失对未来的希望。在这两个例子中，前者很多时候是传统文化影响下女性的经历，后者经常是男性以及一些“精英人士”的经历。

在体验不一致的情况下，如果个体依然执着于原本的生命故事，就很可能会为了继续完成生命故事不惜自我欺骗：明明伴侣已经伤害了自己，爱可能并不存在，明明自己是痛苦的，但个体还是要继续完成名叫“爱情”的生命故事，这个故事里包含了付出和牺牲，也包含了个体赋予吃苦的意义和对苦尽甘来的想象。

除了自我欺骗，生命故事有时候还会指向伤害，当一个人的生命故事包含着“无所不能”时，他就容易在面对挫折和批评时感到愤怒，且在言语甚至肢体上倾向于反击，甚至还会想要消灭让自己体会到“无能感”的场景或对象。而亲密关系又必然包含着互相教育、互相成长，这时，个体的愤怒不仅会让自己远离幸福，还会让伴侣双方错失磨合的机会，伴侣双方回避冲突背后的问题的结果就是关系停滞不前。

每个人的生命故事其实一直在潜移默化地影响着我们的选择和行动。生命故事很多时候来源于社会文化，或者来源于我们的原生家庭或者其他重要的成长经历。我们往往在独立和自主能力还不够的情况下，就被动形成并内化了某些生命故事，而这些生命故事很可能并不适合你，或者根本不是你想要的。

有一句话说的是：婚姻是一个人的第二次投胎。而我认为，当一个人意识到自己的生命故事，且有了独立选择并创造生命故事的能力时，人生的第二次投胎就已经开始了。看见生命故事对自己的影响，这本身就是一个绝佳的机会，可以重新做出选择。更重要的是，认清自己的生命故事能够帮助你更好地选择伴侣或者引导伴侣更好地成为我们人生旅途上的伙伴。**而《爱的清单》这本书便为我们提供了更细致的行动方案，它帮助我们从看见到探索，再从选择到创造。**

亲密关系中的成长型思维

如果说生命故事及其影响是相对隐秘的，那“我是谁”这个问题及其影响对于我们来说就更为日常且广泛了。关于这个问题，心理学中有两个理论非常值得学习和借鉴。

一个是美国斯坦福大学心理学家卡罗尔·德韦克（Carol S. Dweck）提出的思维模式理论。她发现，人在面对自我和成长时有两种认知和行为模式，分别是“成长型思维”和“固定型思维”。“成长型思维”的人认为，每个人都有潜力，可以通过努力获得成长，关键是找到正确的方法并付出持续不断的努力，即使遇到挫折，也不意味着就是失败。他们通常把挫折当成一个提示自己需要调整的机会；而“固定型思维”的人却认为，人的智商和才能都是天生固定的，擅长的领域也是天生固定的，在一件事情上，不是天赋异禀的成功者，就是资质平平的失败者。

在亲密关系里，一个人能不能持开放的态度学习对方、学习自己，能不能积极、乐观地面对关系里的各种问题，很大程度上取决于其是否拥有成长型思维。就如本书作者所强调的，我们不是天生就会爱人，我们也都是第一次、在全新的每一天，做彼此的爱人，所以我们需要学习和练习，而这一切都需要成长型思维去推动，它能帮助我们在成长的过程中有持续信念和行动。而对固定型思维的人来说，每一段关系、每一次爱人的反馈都像是一场考试，得分差就意味着失败，如果一直失败就意味着缺少爱的能力，而这一切都是天注定的。

很多人身处绩优主义的社会文化下，会渐渐习惯用比较和结果定义自己、感受自我价值，久而久之就很容易形成固定型思维，在亲密关系里更多地在意结果，而不是努力的过程。比如，有些人总埋怨对方不懂自己，而不是去观察对方有没有付诸行动来尝试懂自己，不去反思自己有没有用更好的表达方式来协助对方理解自己。前者是结果，后者是过程，我们的确要追求结果，但改变的希望在于过程。**我们需要学习的是如何以更平和的心态去看待各种“结果”，这需要我们既重视结果，又忽略结果。**重视的地方在于，把结果视为检验努力的方向和方法正确与否的标准之一；忽略的地方在于，不拿结果给自己、伴侣及亲密关系下定义，尤其用这本书中的话来说：“不再让各种结果助长我们的‘内在批评者’对自我和关系进行伤害。”

成为你自己，终身爱自己

除了思维模式的理论，另一个值得借鉴的理论是美国社会心理学家托里·希金斯（E. Tory Higgins）提出的自我差异理论，这个理论认为个体自我包括以下三个部分：

现实自我：个体实际所具有的特性，是个体对自己实际情况的认知。

理想自我：个体期望自己拥有的特性，是个体对自己未来状态的期望和目标。

应该自我：个体认为自己应该具有的特性，是基于责任、义务等产生的对自己的要求。

在亲密关系里，“现实自我”就是我们现在的样子，“理想自我”是我们期待成为的样子，而“应该自我”是我们认为自己作为一个伴侣应当成为的样子。**很多时候，亲密关系的裂痕在于我们的这三个自我与伴侣及关系本身的不匹配。**

比如，一个人“现实自我”是随性、喜欢独处的，“理想自我”是更为自由的，“应该自我”是赚到钱并且把钱给伴侣补贴家用。这时候，如果对方需要更多的陪伴和对共同生活更多的计划，那这个人的“现实自我”显然一时无法做到，一来没养成习惯，二来即使督促自己，做起来情绪上可能也不积极。那如何改变呢？

改变的动力需要依赖“理想自我”和“应该自我”。但如果“理想自我”更不符合伴侣的诉求，当然无法提供更强的内驱力来推动改变。当一个人没有内驱力，改变的难度和阻力无疑就增加了。更复杂的地方在于，“应该自我”还很可能会让这个人难以认同对方的诉求，觉得这不是自己应该做的，或者自己已经做得挺好了，这样一来，他就会更加难以共情，与伴侣的分歧就会加大。看到这些，你也许也会意识到，单纯讨论类似“如何增加陪伴”“如何制订共同生活计划”这些话题，作用有限。

当亲密关系遇到困难的时候，从自我差异理论入手，能很大程度地预判改变的难度和成功的可能性，因为“应该自我”和“理想自我”背后的价值观和各种观念在绝大多数情况下已经根深蒂固了，调和起来并不容易，如果再叠加固定型思维，那改变会更加具有挑战性。但不管怎样，**找到裂痕背后的原因有助于我们理清应对挑战的思路，也能更灵活地做出各种决断。**

希望这篇关于自我和生命故事的文章能让你在阅读并实践这本书时，有更多维度的视角，更希望你能深刻地认识自己，不断创造关于爱和自我的生命故事，成为你自己，终身爱自己。

我们不是天生就知道如何相爱

这本书并非基于伟大的疗愈者曾经濒临的绝境，也不是总结自治疗师擅长的方法和技巧。我只是在不断地尝试、练习，试图在明天比今天做得更好一点，这本书就是我练习道路上的同行者。

***

“那么，这一周过得怎么样？”我对答案已经有了心理准备，从两人的面部表情和他们之间的能量可以看出，他们这一周过得并不顺利。

“不怎么样。”莫莉平静地说。

比尔点头表示同意。

“真的吗？”我说，“我没想到。上周你们的关系似乎很亲密，我相信我们正朝着正确的方向前进，因为你们俩在使用沟通技巧方面都做得很好。告诉我发生了什么事？”

于是他们开始诉说：比尔又出差了，回来后，莫莉有很多话想对他说。他们一般默认在厨房进行这样的对话，因为那儿离孩子们的房间最远。莫莉说："又是整整一周没有收到你的消息。你有没有想过关心我们一下？不关心我没关系，至少关心一下你的孩子们！"

比尔回答说："我要说多少次？那么多会议、飞行，我还得倒时差，真的没时间。我不明白为什么这件事能判定我是否在乎你或孩子们。"

莫莉试图控制自己："等一下，在一切失控之前，我们能不能至少尝试一下在治疗中学到的东西？"

比尔平复了一下情绪，试着使用来访中学到的工具："好吧，我认为我听到你说的是我出差时联系你不够多。我认为我从你那里得到的信息是，你觉得我根本不理解你，对吗？无论多么努力，我都没有真正做对过，是吗？莫莉，当觉得自己不被肯定时，我很难过。我忙了整整一周之后，回到家里还要面对这些，更不用说你一个月来都没有碰过我。"

莫莉深吸了一口气，让自己冷静下来："觉得自己不被肯定一定很不好受，你是对的。我觉得自己没有被倾听或被理解，因为无论我说什么，我在你眼里都是那样一个糟糕的妻子。我的理解没错吧？嗯，比尔，当我觉得自己从来都得不到优先重视时，很难有心情和你亲近，这点你想过吗？所以，我很抱歉，我不是那种穿着性感睡袍在这里等着你的贤惠老婆！"

比尔一拳砸在了厨房的桌子上："所以，像往常一样，这全是我一个人的错，你一点责任都没有吗？我努力工作养家，创建我们想要的事业，赚我们想要的那些钱。你以为我喜欢一直离家在外吗？我以为这是我们谈过的，我以为我们在这方面已经达成一致了！"

***

在我的咨询室里，他们结束了讲述，默默地坐着。空气中弥漫着失望和忧虑。莫莉看着我，眼里含着泪水。“你是对的，”她说，“上周我们离开这里时感觉很棒，但当我们两人单独相处时，似乎之前所有的努力都付之东流了。我们总是回到同一个地方，不停地兜圈子，毫无进展。”

看到他们在充满希望之后再次陷入挣扎，我也感到沮丧和失望，尽管我和他们都尽了最大的努力，但我还是辜负了他们。再联想到其他一些在我的咨询室里做得很好却无法自行应对的夫妻，我的心沉了下去。他们都很努力，并且有着良好的意愿，但这一切为什么不能指向幸福？我认为自己是一个训练有素、技术娴熟的伴侣治疗师，但我的工作中似乎缺少了什么，我为什么无法帮助他们？

我开始思考咨询之外的问题。我们有这么多疗法、伴侣研讨会和心理自助类书籍，为什么伴侣们的整体满意度没有显著提高？为什么美国离婚率依旧维持在 50%？我需要知道这当中出了什么问题。

长期以来，我们一直认为人天生就应该知道如何相爱，亲密关系应该是我们毫不费劲就能掌握的。然而，我们并不是生来就知道如何让一段关系发挥作用的，就像我们并不是生来就知道如何报税或办理保险一样。况且，在高中或大学里，也没有任何课程是教我们如何维持亲密关系的。

于是我开始探索。在对临床方法和流行方法进行了详尽的研究之后，我开始意识到，尽管这些方法中有许多不错的模式，但根据统计数据和我的经验来看，它们还不够有效。一方面，心理动力学疗法（又称“精神分析疗法”）、认知行为疗法、格式塔疗法和人本主义疗法等治疗模式最初都是为个人开发的，这些疗法随后经过改造来满足伴侣和家庭的需求。另一方面，流行的心理学方法被证明在现实生活中要么太简单，要么太复杂，难以适用于亲密关系。因此，带着忧虑和怀疑，我问自己，我是否发现了这个领域的盲点?

我就这件事征询了同事、督导和导师的意见，他们都对此表示认同。一位在该领域非常知名的治疗师兼作家前辈直截了当地说:“欢迎来到伴侣治疗的世界。”在这个行业中，似乎有一种默认的理解：伴侣治疗的成功率和失败率就是一半一半，并且很可能会继续下去。当然会有一些成功的故事，但大多数伴侣都符合统计数据，即差不多一半的婚姻将以离婚或分居告终。有一种流行的看法认为离婚率正在下降，但事实并非如此。如今，结婚的人越来越少，因此离婚的绝对数量下降了，但失败的婚姻比例仍然稳定。当彻底理解伴侣治疗在练习和心理自助类书籍方面的惊人不足时，我发现，要想帮助伴侣们，我们需要更好的方法。现代疗法的先驱、哈佛医学院的埃尔文·赛姆拉德（Elvin Semrad）曾经说:“让你的患者成为你的教科书。”这就是我所做的，来访者就是我的“老师”。于是，我回到起点重新出发，并有了新发现。

在伴侣治疗领域有一个盲点，那就是到目前为止，我们还没有针对伴侣提供一种足够简单且有效的方法，这种方法可以在咨询室之外使用，还需要足够精巧，可以帮助伴侣解决复杂问题。我们一直过于关注诸如沟通不畅、重复争吵、无法建立或重建信任等问题，实际上这些问题指向了更深层次的问题，即我们根本无法学会更有效地沟通，无法化解口舌之争，或无法拥有足够的安全感去表达自我的脆弱。想要解决这些问题，我们需要学会这一切中缺少的东西，即“呈现”（show up）。

我对我的研究进行了深入的探索，包括从临床心理学到神秘主义的一切。我发现，无论是对我所治疗的伴侣还是对我自己的婚姻来说，将西方心理学训练中学到的知识、正念与佛教心理学带来的深刻心灵修炼相结合是最有效的。我意识到，通过正念，伴侣们可以通过自我觉察更好地旁观自己的想法和感受，摆脱下意识反应。当处于正念状态时，我们可以巧妙地选择自己的反应，并进入最具联结和同情心的自我部分。从这个自我部分出发，我们可以尝试了解对方在一段关系中独特的渴望和需求，并重新创建关于伴侣的更具爱意的叙事。

我将上述工作提炼成 5 个关键部分，或可称为“爱的清单练习法”，如果使用得当，爱的清单练习法会成为改善伴侣关系的必要工具。它包括以下内容：

启动正念： 让伴侣觉察当下的感受和想法，并从对彼此的下意识反应中解脱出来。

探索自我： 帮助伴侣找到对联结、共情力和理解持开放态度的自我部分。

学会叙事： 让伴侣停止讲述关于彼此的负面故事，因为这些故事可能会成为具象化的信念。

主动选择： 让伴侣有意识地向彼此传递爱，培养信任度和亲密感。

承担责任： 这是让伴侣避免陷入混乱和怨恨的行为协议，它是所有其他练习的基础。

在共同生活的道路上，伴侣们往往会迷失方向，失去联结。如果你希望自己与伴侣的关系向着积极的方向发展，就必须每天练习，必须像对待我们想要达成的目标一样对待关系，给它足够长的时间和足够多的关注。来找我咨询的伴侣们经常会问：“这件事不应该这么难，不是吗？”我的答案总是一样的：“不，它应该难，但困难并不是你认为的那些原因造成的。”

本书汇集了一些概念和能够帮助伴侣们长期疗愈的工具。它提供的方法足够简单，可以在伴侣们情绪高涨时使用，但也足够复杂，可以解决伴侣们面临的复杂问题。本书将带你和你的伴侣一步步地走上疗愈之旅，你将对自己、伴侣和你们的关系有更深入的了解。爱的清单练习法通过来自真实伴侣们的故事以及简洁的概念展开，你可以轻松地在家中练习。每张练习清单后都有针对个人和伴侣的具体练习。本书的实操部分要求伴侣双方真正对其中的自我部分及该自我部分如何在关系中呈现负责。这也是一本写给治疗师的跨界书，它为临床治疗师提供了新的方式来满足来访者的需求。

这套练习法是给谁的，又不是给谁的

在开始之前，我想明确一点，如果你们的关系中存在虐待，请不要使用爱的清单练习法。如果你正在经历心灵、情感或身体上的虐待，这套练习法无法解决你所面临的问题，它只会造成对虐待关系的认可。

健康的亲密关系并不简单，因为它要求我们对自己负责，需要我们在想要指责对方的同时具有同情心，在想要喊叫时勇敢倾听，在想要关闭心扉时敞开自己。更重要的是，我们必须在抗拒做这一切的时候依旧愿意这样做。如今的“一键式”社会创造了快速修复关系的需求。如果一对伴侣找不到快速修复关系的办法，他们可能会觉得自己出了什么问题。伴侣关系中出现的困难并不一定预示着双方“注定会怎样”。结婚或生孩子等重大的人生事件应该是令人快乐的，但它们也带来了许多压力源，这些压力源甚至可以削弱伴侣之间最牢固的纽带。判断你们“注定成为的样子”的更好方法是看你们是否愿意解决出现的问题。正如我对来访的伴侣们所说的：“我提供的不是我们每周在一起的 50 分钟，而是一段经过修炼的关系。”同样，我不是向你推销这本书，而是在向你推销一种经过修炼的关系。如果来访者的努力只存在于咨询室的四壁之内，或读者的努力只存在于本书的字里行间，那么我们所做的一切都将是浪费时间、精力和金钱。你在关系中所做的努力不能是一次性的，它必须成为你自觉坚持和关注的优先项。

你必须每天坚持这些练习，甚至必须在内心都告诉你不要这样做的时候依旧践行，这是我的来访者们觉得最困难的地方。这就像是驾驶汽车时转向助力失效的感受，改变方向非常艰难。你从此要建立新的习惯、摆脱旧的模式。好消息是，研究表明，在短短 6 ～ 8 周的重复练习中，你便可以开始从大脑的可塑性中受益。这意味着，当你不断练习新习惯时，新的神经通路会形成，这可以有效地改变你的大脑。所以，是的，你的本性并没有那么难移。

这套练习法如何使用

本书有五张练习清单，每张练习清单都是一堂课，能为读者在重要时刻或艰难时刻提供所需的全部信息和知识。此外，每张练习清单分别从“什么”（提供清晰的定义）、“为什么”（深入解读改变的意义）、“怎样”（如何践行所学）和“练习”（如何具体分步练习）四个方面教你如何与伴侣建立更深入的以心为本的联结。

请尽你所能地保持灵活和务实，并不断调整练习以适应你的生活。要明白，唯一能让这个方法出错的就是不去尝试。记住这一点，就请开始练习吧，无论好坏，开始就好。

目 录

第二张练习清单 探索自我

“你的内在小孩还好吗”

第三张练习清单 学会叙事

"我们的故事，走向哪里"

第五张练习清单　承担责任

"我可以先来保护你吗"

The Practice of Love

Break Old Patterns,
Rebuild Trust, and
Create a Connection
That Lasts

第一张练习清单 启动正念

“爱会怎么办呢”

在刺激和反应之间有一个空间，在那里，我们有能力选择我们的反应。我们的反应中蕴藏着成长和自由。

——维克多·弗兰克尔

奥地利著名精神医学家和心理学家

“我觉得这破事儿你们完全可以在家里吵，不用花钱。”这是我的原话。我放下小心翼翼的治疗态度，收起心理学的那套行话，将这个真相告诉我的来访者——汤姆和尼克。

这是我与这对伴侣的第三次咨询面谈。最初几次面谈我都会通过了解他们提供一些咨询前的心理教育，并观察这两人，推测他们在家中可能发生的状况。

伴侣治疗很像下三维国际象棋。我敢打赌很多人对此并不熟悉，这种象棋使用的不是常见的单一平面棋盘，而是多个平面棋盘。最初与伴侣们合作时，我很难确保一切顺利。作为治疗师，我必须进行多层次的观察。这对伴侣因为某个问题找到我，而这个问题通常是一个症状或某个更严重问题的症状，接下来我必须思考每个人的人生故事、创伤和适合的治疗干预措施，还要思考我和他们之间可能产生的任何投射。

我喜欢从事伴侣治疗工作的原因有很多，其中最重要的一点是，作为伴侣治疗师，我可以比个体治疗师更具指导作用。在个体治疗中，洞察往往缓慢呈现，治疗师总能期待从中迎来启示性时刻。但在伴侣治疗中，治疗师则必须愿意在过程中更早地承担风险。我必须时不时地从咨询的幕后走出来，给伴侣们坦诚的意见，尤其是当他们陷入冲突并互相伤害时。今天早上就是这样，我看着汤姆和尼克，心想这样激烈的对抗必须停止。

尼克很生气："拜托，汤姆，收拾一个包能有多难？"她转向我，"能有多难！我们可怜的孩子出去郊游，但需要的东西几乎一件都没准备。我就让他做这一件事，就一件事！"

汤姆摇摇头："我以为我把所有东西都打包好了。我犯了一个错误。你难道从来没出过错吗？"她看向我，"这就是我的老公，瞧瞧，永不出错的完美先生！他是 A 型人格。"他回头看着尼克，"所以，你的事现在也归我负责喽？"

尼克猛地转过头："我的事！我的事？据我所知，她也是你的孩子！"

"好吧，放轻松，尼克，我明白……我每天工作 8 小时，然后回家还要做这个？你简直在装傻！"

尼克试图控制他明显的愤怒："现在我傻了？你说我傻？"

"不，我没说你傻，我说你装傻！"

"呵，你装得像个白痴！"

不知他们是筋疲力尽了还是意识到了我的沉默。我看着他们俩，扬起眉毛，好像在说："结束了吗？"

尼克打破了沉默："你不打算说些什么吗？"

汤姆对此表示同意："是啊，你不应该告诉我们你的想法吗？我们想知道你的想法。"

这便是我所说的："我觉得这破事儿你们完全可以在家里吵，不用花钱。坦率地说，事情不致于如此。告诉我，你们这样对待彼此，感觉如何？"

他们问了一个坦诚的问题，所以我给了一个坦诚的回答。

我停顿了一下，给他们时间反应。“当你们这样争吵时，孩子们感觉如何？”

他们默默对视了一下。

“你们觉得我们可以尝试一些不同的方式吗？因为从我的角度看，这样的进展似乎不太顺利。”我调整了一下坐姿，倾身继续说，“事情是这样的，伙计们，如果不做些改变，情况只会更糟。我的意思是，你们可能不会离婚，但这可能也不是什么好消息，因为这样的生活对任何人来说都不会有任何乐趣。”

他们都因为我的直白惊讶得张大了嘴。尼克的嘴角开始泛起一抹浅笑。她看着汤姆说：“哇！托妮在治疗中从没说过这样的话。”

“也许她应该说。”我回答。

托妮是他们之前的治疗师。他们都喜欢她，觉得她给予了很多帮助。我同意，最初托妮正是他俩所需要的。她温暖、善良，如同慈母一般。但现在汤姆和尼克不再需要如母亲般的托妮，他们需要有人来规范他们，帮他们建立可接受和不可接受的行为边界。汤姆和尼克需要我帮助他们重塑其“关系文化”。

在我看来，“文化”已经成为一个被用滥的词。每个企业、组织和团队都会谈论他们的文化。尽管我不喜欢这个词，但它确实恰当地描述了我作为一名伴侣治疗师喜欢关注的地方。文化是我们共同认同的行为、信仰和价值观，是“未经思考”接受的存在方式和生活方式。这里有一个关键词：未经思考。尽管汤姆和尼克彼此相爱，也都忠于他们的婚姻和家庭，但他们之间有一种盲目的文化。从我的观察来看，汤姆和尼克对彼此并不友善。他们的表达很尖锐，反驳很直接。当他们谈到性、孩子或金钱等相对严重的问题时，话语中充满着伪装成小幽默的讽刺。当紧张升级时，他们又开始不依不饶，并恶语相向。在我的咨询室里发生的这一幕就是很好的例子。

问题在于，汤姆和尼克在他们的关系中各自进行着“自动驾驶”。他们忙于日常事务，缺乏时间，缺乏精力，有时还缺乏金钱，他们进行着无意识的互动。心直口快成为他们的关系文化中被两人接受的一种表达的缩影，是他们默认的互动方式。

一位与汤姆和尼克遇到相同问题的来访者曾问我：“这不正是伴侣们共同生活几年之后的普遍状况吗？或者说，这不就是大部分伴侣的结局吗？”我必须承认，根据我的经验，这位来访者的评价非常准确。自动驾驶的伴侣们放任他们的“设备”，胡乱运行。他们可能从争吵开始，逐渐演变成彼此冷嘲热讽，或任何其他形式的粗暴相待。无论是上述哪种行为，都不会产生敬重和同情心，而敬重和同情心对于以心为本的联结至关重要。

如果想要把一件事做好，我们就需要努力，需要练习基本技能，以便更好地做事，维系关系也理应如此。改善、修复和重建关系的第一步不是策划一场约会，不是学习如何更好地沟通，也不是在咨询室里坐上几小时讨论“谁对谁做了什么”或“谁对谁说了什么”。以上无论哪种行为都不能带来足够的驱动力。对于所有伴侣来说，要建立以心为本的联结，第一步都必须是启动正念。

01

什么是爱的正念

正念给你时间，时间给你选择，巧妙的选择通向自由。

——德宝禅师

当代内观大师

我知道，我不是任何人的第一选择。人们在拨打我的号码之前会先与自己的父母、兄弟姐妹、朋友、牧师甚至老板交谈。一种陈旧的羞耻感笼罩着伴侣治疗。我们中的许多人羞于承认自己需要帮助，还有一些人则永远不想成为那些需要帮助的伴侣中的一员。事实上，经营一段关系对每个人来说都可能在某些时候成为挑战，即使对我自己来说也是如此，尽管我和我的伴侣都是治疗师。当一对伴侣已经做出艰难的决定，并准备好去接受治疗并有意识地改善关系时，他们往往会急于撸起袖子提升技能。他们对心理咨询的认识通常来自电影，他们想象自己与伴侣对峙，直接深入双方的问题，而治疗师充当裁判。当我向他们介绍正念将作为治疗的第一个基本技能时，一些来访者变得沮丧和困惑，他们不明白如此孤立和专注于自我的练习对伴侣关系的修复有何意义。大多数人希望在治疗中能够安全地指出另一半做错的一切。他们发现和指出伴侣的小缺点很容易，且内心希望自己被视为好的一方。当我打破他们的这个想象，开始询问每个人的想法、感受和体验时，困惑不解的表情很快就登场了。

正念是万能钥匙，是通用遥控器，是建立以心为本之联结的通行证。没有它，我们会迷失。它也是我进行伴侣治疗的支柱，是贯穿全书的一个概念。

无论是从个人角度还是从专业角度来说，正念都有可能改变一切。当处在正念之中时，我们会把注意力从伴侣的行为转移到自身的行为上来。这就像按下内心的暂停键一样。在这个暂停时刻，我们利用正念的力量来改变自身的惯性，并意识到自己在感受什么、想什么。如果想持续改变行为，我们必须首先培养从“见证者角度”（witness position）观察生活和关系的能力。

一位来访者向我抱怨：“我不明白你的意思。正念这个概念对我来说太离谱了。我感受的就是我所感受到的，我想的就是我所想到的。”

“是的，”我回答，“但你内心在进行观察的人是谁？你的哪一个自我部分正在感受和体验？”

见证者角度是正念的本质，它是一种思维状态，在我们的情绪和反应之间为我们提供了空间。在这样的空间里，我们可以不加评判地观察我们的体验。由于正念的概念很容易被误解，并且通常很难定义，所以在更深入地解释它之前，我先来说说“它不是什么”，这样也许会更有帮助。

对正念的误解

在与一位来访者的初始访谈中，我问：“你进行过任何与正念相关的练习吗？”这位来访者回答说有。事实上，他有做正念练习的习惯。他的冥想坐垫放在卧室里，每天使用两次，早上和晚上睡前各冥想 20 分钟，几乎没有例外。他说，正是我治疗工作中的正念成分吸引了他。

“太好了，”我说，“听起来爱的清单练习法可能很适合你。现在，能再告诉我一下你来访的原因吗？”

他毫不犹豫地回答道：“几周前我卷入了一起路怒事故，我的律师告诉我，我需要完成 8 次愤怒管理。”

这不是正念。

乍一看，正念这种来自异国的“哲学”对我们西方人来说可能会有些奇怪和难以捉摸。关于正念，人们有很多困惑和误解。例如，人们普遍错误地认为正念就是冥想，冥想就是正念。这两个术语已经被互换使用了一段时间，然而它们绝非同义词。正念是冥想预期达成的副产品。

人们通常认为，冥想得越多，得到的正念就越多。实际上情况并不总是这样。如果你尝试过冥想，但发现冥想并不适合自己，不要担心，要知道盘腿而坐、聆听呼吸、捱过一段漫长的时光的操作并不是过上更具正念生活的先决条件，也不是在你们的关系中使用爱的清单练习法的先决条件。

在 20 世纪 70—90 年代，正念备受心理学界的轻视，也被划为非主流，并被扔进了新时代的垃圾箱。事实上，正念已经存在了约 2 500 年，但由于缺乏定量研究，它在心理学界一直难以立足。然而，在刚刚过去的 10 年中，通过许多出色的研究，正念已逐渐步入心理自助和治疗领域的前沿。它曾两次登上《时代周刊》的封面，并得到了奥普拉·温弗瑞、迪帕克·乔普拉（Deepak Chopra）、丹·米尔曼①、埃克哈特·托利（Eckhart Tolle）和塔拉·布莱克（Tara Brach）等领域内重量级人物的支持。

关掉大脑的自动驾驶

我们的大脑并非时常处于正念状态。事实上，大脑默认处于一种被称为自动驾驶的无意识模式，在这种模式下，心智容易游移。举个例子，如果你读一本书，只是为了读到某一段、某一页或某一章，但什么都没记住，那么你读书的过程就是自动驾驶。如果你有过开车上班的经历，有时可能会发现虽然安全抵达公司了，但几乎不记得过程，这也是自动驾驶。自动驾驶是正念的对立面。哈佛大学心理学教授埃伦·兰格②（Ellen J. Langer）自 20 世纪 70 年代初就一直处于正念研究的前沿。据兰格博士所述："我们中的大多数人甚至都不知道自己并没有临在。"[1] 我们的心智天生会游移，除非出现特别有趣或能引起共鸣的事情，否则我们就会陷入无意识状态，尤其是当生活中的人和事不再新鲜时。

几年前，正念的一位代表人物在第一次访问美国途中被记者问到对西方文化的看法，他简短地说："你们都如此心烦意乱。"而现在，情况比以往更甚，我们痴迷于看手机，被"点赞"驱动，为社交媒体疯狂。

---

① 美国知名心灵导师、世界蹦床锦标赛冠军、斯坦福大学体操教练。其系列著作《深夜加油站遇见苏格拉底》和《深夜加油站遇见苏格拉底2》都是改变数百万读者生命历程的心灵"圣经"。两本书的中文简体字版均已由湛庐引进，由浙江科学技术出版社出版。——编者注

② 积极心理学奠基人之一，幸福课导师本·沙哈尔最推崇的哈佛著名心理学家。其经典著作《专念：积极心理学的力量》改变了无数人思考与感觉的模式，启发了整个世界。这本书的中文简体字版已由湛庐引进，由浙江人民出版社于2012年出版。——编者注

你可能会想，好吧，但是稍微走点神又有什么关系呢？毕竟每个人都需要时不时地开点小差，以便稍微休息一下。事实上，让我们的大脑自动驾驶坏处不小，尤其是对伴侣而言。尽管不断有新研究挑战着“心智游移会导致情绪低落或抑郁”的观点[2]，但可以肯定的是，在自动驾驶时，我们会受到自己下意识反应的影响。在这种状态下，我们受制于日常习惯和旧的思维模式。两个长期处于自动驾驶模式的人组成的伴侣极易陷入困境。他们可能不会离婚，但可能会在一段不称心的关系中备受煎熬，或者在接下来的几十年里让彼此发疯。

花点时间，感受正念

想象一下，一个人站在桥上俯瞰河流。他只是站在桥上，也许是靠在栏杆上看着河水。他看到了涟漪，也许河里有一些石头或鱼。他感觉并闻到了空气中的潮湿，听见了下方水流的声音。在这个意象组合中，水实际上并不是水，它代表了这个人的想法和感受。桥即正念。在这个例子中，这个人只是站在桥上，远远地看着自己的想法和感受。如果他掉入或跳入水，即感觉中，则不是正念。

如果他真的跳进去，就会立刻陷入情绪的洪流，沉浸在自己的念头里，淹没在自己的体验之河中。请先将这个练习通读两到三遍，然后开始尝试。

花点时间，感受正念。

> 通过鼻腔深深地将空气吸入腹部，感受腹部的扩张。
> 缓缓地用嘴呼气。
> 再重复两次这样的吸气和呼气。

> 让自己轻松、自由地呼吸。
> 把你的意识带入你的想法中，觉察它们。
> 觉察脑海中浮现了什么想法。
> 可能是过去的，也可能是将来的事情。
> 无论想法是什么，只需觉察它们。
> 把注意力带回到呼吸上，回到当下。
> 当下存在于呼吸中，而不存在于想法里。
> 你的目标不是改变任何东西，而是旁观，观察你的想法。
> 现在吸气，把注意力集中在感觉上，感觉空气进入腹部。
> 觉察情绪和身体的感受。
> 你有什么感觉和感受?
> 和觉察想法一样，只觉察你的感受。
> 你可能会觉察到自己饿了或者累了，甚至抗拒这个练习。你可能会觉察到自己因为某些事而悲伤、生气或开心。
> 无论是何种情况，请觉察你的想法和感受。让它们像天上的云一样来来去去。
> 这就是当下。这就是正念。

我之所以引导来访者进行这样的静思，是因为正念是一个适宜感受而非解释的概念。大脑识别想法和感受，并判断好坏、做出反应，然后将它们在记忆库中分类存储，正念是这一自然过程中的一次暂停。正念让我们后退一步，观察这个过程，在不做出反应的情况下，觉察我们的精神、情感和身体上正在发生的事情。在后文中，你将看到伴侣们在生活中的艰难时刻进行这项练习的好处。

我当过演员，但显然不是一个特别好的演员，否则我也不会去写一本关于伴侣治疗的书。作为演员，他们教给我的第一课就是永远不要和孩子或狗一起表演。为什么？这是因为孩子和狗从来不试图活在当下，他们天然的状态就是活在当下。在当下，在此时此刻。如果你和上述二者中的任何一个一起站在舞台上，试图在场，那看起来就像一个很差劲的演员。

正念是一种帮助我们活在当下的练习，是一种温和的专注方式，让我们的大脑能够与当下保持连接。正念被称为“神奇药丸”。虽然我很想告诉你，它神奇到只需使用一回就能治愈困扰你的所有关系问题，但实际上它并不能。尽管如此，当伴侣们开始应用正念练习时，它的益处还是会让人觉得神奇。我一直在使用的关键词，也是将在本书中继续使用的词，是“练习”。如果我们要获得正念的所有益处，就必须将正念作为一种练习。由于大脑拥有的默认模式，由于心智天生就会游移，我们必须不断练习以保持专注、处于当下。正念是一项简单的技能，但保持正念却并不容易做到。

我们将通过觉察自己的想法、感受和身体知觉来开始正念练习。就像在前面的练习中所做的那样，我们还需要通过向内观察来实现。请尽可能地在这样做时不加评判，不让思绪转向过去或未来。简单地说，正念就是带着好奇心观察内心的体验。起初你可能会感觉有点奇怪，因为我们在社会上已经习惯于从外部寻找对自身体验的确认和认同。正念翻转了这种期待，使我们把目光转向内在。这项练习提供了一个自然的停顿，这让我们可以停下来观察正在发生的事情。我在治疗和担任企业顾问的经历中领悟到一个真理：如果你想在某件事情上实现卓越，无论是在商业、体育、艺术、音乐还是伴侣关系方面，都必须首先学会成为自己内心体验的见证者。

正念的益处有很多，正念练习已被世界 500 强公司 CEO、职业奥运会选手、美国海军陆战队成员，以及活跃于舞台和荧幕上的表演者采用，他们都在努力使用这个工具将自己的事业和生活提升至新水平，从而在各自的领域实现卓越。人们很难相信，觉察自己的想法和感受而不对它们做出反应，这一简单的行为会带来如此巨大的益处，但它确实可以。在全美和世界各地的试验中，正念已被证实可以减轻情绪疲惫、心理困扰、抑郁和焦虑，并能缓解职业压力和整体压力，甚至缓解身体疼痛。正念还能显著提高情感智慧，提高松弛度，改善睡眠，提升对自己和对他人的同情心，提升创造力和整体健康水平……所有这些听起来都很棒，正念对个人而言充满了有趣的益处，那为什么它对伴侣也如此重要呢？

02

为什么正念对伴侣如此重要

善良可以表现为同情、慷慨和关注。

——莎伦·萨尔茨伯格

《纽约时报》畅销书作者

我们都是泥塑佛

很多年前，一群泰国僧侣在搬运一尊巨大的古代泥塑佛时不慎将佛像跌落，佛像上的一部分黏土开始脱落。僧侣们惊慌失措，他们害怕自己损坏了这尊古老的佛像。然而，当他们检查黏土破损处时，发现了一个令人惊讶的事实：佛像根本不是用黏土制成的，而是用黄金打造的。后来他们才明白，在几个世纪前的战乱年代，此地的僧侣担心黄金佛像被偷，为了掩藏宝藏，就用黏土覆盖了黄金。多年来，内在的黄金被遗忘了，等同于丢失了。[3] 这里的比喻显而易见。在动荡和困难时期，人们内心不安，为自己裹上了保护层，而在这样做的同时，也忘记了内在的“黄金”。正念练习就是提醒我们关注内在的黄金，也就是我们真正的本性。

从本质上讲，人类拥有极大的善意、同情心、共情力和理解力。这些品质对于想要建立以心为本之联结的伴侣来说必不可少，但同时也是我们为保护自己免受爱之伤害时容易遗失的。我告诉来访者，我们在这个世界上最爱的人可能会让我们觉得最危险，因为他们有着独特的、能让我们心碎的属性。在内心深处，我们知道这一点。当我们感觉到这种内在的危险时，就开始有意识或无意识地采取对策，就像僧侣们堆积黏土保护层那样。正念练习使我们能够关闭自身对屏障和保护的自动反应，让我们接触到内在的黄金，也就是我们善良和拥有同情心的本性。作为一名临床治疗师，我认为正念是伴侣治疗中缺失的一环，这样的缺失也是伴侣们拥有糟糕结果的原因。

找回躲起来的同情心

正念在本质上与同情心有关。当富有同情心时，人们倾向于以仁慈的方式行事，并愿意帮助他人减轻痛苦。研究表明，正念练习者往往更富有同情心。但多年来，正念和同情心之间的实际联系仍然是一个谜。我和东方思想领域的一些研究者推测，正念会带来同情心，因为它使我们处于选择的位置。关于这一点，我要说清楚：我们无法选择自己的想法和感受，它们全然自主地出现，重要的是如何应对它们。大脑是一个非常复杂的结构，95%的大脑活动都发生在潜意识层面。几个世纪以来，大脑已经发展到可以在几秒钟内过滤和处理数十亿比特信息的程度。正念使我们能够攻入这个复杂的系统。处于正念状态时，我们可以选择对想法和感受的反应方式，它使我们有机会选择如何沟通、如何措辞以及采用何种语气。现在，最新的研究已经证实了这些关于正念和同情心的判断。磁共振成像显示，在短短 8 周的正念练习之后，人的杏仁核（大脑中与压力、恐惧和情绪相关的区域）确实缩小了，前额叶皮质（大脑中与意识、注意力和决策等高阶功能相关的区域）则增厚了。认知神经科学家、研究员阿德里安娜·塔伦（Adrienne Taren）博士说：“正念练习增加了一个人调用更为高阶的前额叶皮质区域的能力，减少了低阶的大脑活动。”[4]通俗点说，这意味着我们下意识的情绪反应可以通过正念练习来消除，并被更富同情心的反应取代。

在关系方面，正念练习是一个特别强大的工具。在践行正念练习时，我们可以用自己最具情感智慧和最积极的一面做出反应。

当被言语刺痛时，当伴侣触碰到我们的伤口时，我们变得具有防御性是正常的。无论我们的防御措施是在愤怒中回击还是冷言冷语，可以肯定的是，这些不假思索的、非常原始的反应缺乏同情心。如果这些反应成为一段关系中的习惯，并且成为处理困难问题时的主要模式，那么心中的疤痕组织就会形成。你曾经上天入地、无所不能的完美爱人很快就会让你不喜欢、害怕甚至讨厌。爱伦·坡有句名言：“多年的爱情忘却在恨的一瞬间。”[5]

正念有助于阻止这一切。如果能在反应中按下暂停键，我们就能够评估“如何更好地反应”，从最不具同情心的下意识反应到充满爱意的仁慈反应，这些反应如调色盘一般呈现在我们面前。只要没有反社会倾向，在有选择的情况下，人性会引导我们走向同情。正念练习为这种与生俱来的能力扫清了道路。如果说一段真正充满爱和联结的关系需要一个要素，那一定就是同情心。而具有讽刺意味的是，当伴侣们开始挣扎，开始面对内心的伤痕，并做出反应时，同情心往往是最先消失的东西之一。当一段关系失去了同情心，就像前文中汤姆和尼克的情况一样，曾经甜蜜的伴侣就会开始针锋相对，开始陷入一系列不健康的习惯和行为中，这些习惯和行为最终会侵蚀他们之间的联结。

“你提到我们应该‘尝试一些不同的方式’，这指的是什么？”尼克带着一丝无奈的语气问我。

关于孩子的旅行以及谁应该做哪些工作的互相攻击结束后，汤姆和尼克停止了争吵，但紧张的氛围仍然存在。

“这意味着放慢速度，停止指责，把注意力从你的伴侣身上移开，重新回到你自己身上。”

“我们显然已经把对方逼疯了，现在要怎么做到这一点？”汤姆问道。

“首先要从你们觉察到的事情开始。一分钟前，我问你们感觉怎么样，这不是一句套话。请问问你们自己感觉怎么样？”

汤姆说：“不好。”

“很糟糕。”尼克回答。

“对！这就是你们忽略了的重要信息。当你们正在做的事情没有效果，进展不顺利时，就是该尝试新方式的时候了。但是你们俩采用的自动驾驶模式还在一遍又一遍地做同样的事，而你们却期望着会产生一些不同的结果。现在，请开始有意识地觉察一下你们的感受。”

汤姆重复了刚刚的回答，他说：“不好。”

“很糟糕，”尼克回答，“我很生气，真的很生气。”

汤姆继续道：“我也是。”

“好吧，所以你们很生气，我认为这是显而易见的。我想知道你们还觉察到了什么。除了愤怒还有什么呢？”

“我觉得自己完全被误解了。”尼克说。

汤姆看着她：“我觉得你不再喜欢我了。”

“我希望你们俩都深吸一口气，觉察你们身体的哪个地方有这样的感受。”

听完我的指示，两人都深吸了一口气。尼克的眼睛立刻充满了泪水，他把手放在胸口。

“我这里感觉到了，就是这里。我的心好像碎了。”

汤姆控制住自己的情绪，把手放在尼克的背上安慰她，同时一字一句地说：“是，我也是，胸口，心脏。”

尼克说：“我很难过。这样彼此对待让我很伤心。我觉得我们不再像我们了。”

汤姆回答说：“我知道最近一段时间我表现得不太好。”

“我希望你们把意识保持在自己的身体上，注意那里有什么，注意你们之间的能量是如何转换的，”我继续指示道。

汤姆伸手握住尼克的手：“对不起，真的。”

“我知道。我也很抱歉。”尼克含着泪水，脸上带着一丝苦笑对汤姆说，“我喜欢你。我更喜欢现在这个样子的你。”

为情绪按下暂停键

如果你翻阅一本关于伴侣治疗模式的大部头著作，就像我在研究生阶段读的那本，你会注意到，“缓和激化”（de-escalation）几乎是所有治疗的第一步。治疗师需要解决的问题是让伴侣们的情绪缓和下来，特别是在他们已经被触发自动驾驶模式的时候。

当情绪按钮被启动时，我们会经历压力带来的反应：心跳加快，呼吸急促，血液不循环导致四肢麻木，应激激素产生。我们进入了生存模式，那是一种只知道如何防御捕食者的自我状态，这种模式可以追溯到早期人类祖先的生存机制，在那个年代，人们不得不为了躲避更大、更快、更强以及更可怕的动物而逃跑。虽然我们不再处于食物链中，但可以肯定的是，在古老生存模式的驱动下，我们对伴侣做出反应被简化成了战斗、逃跑、僵住和缓和这 4 种模式。

正如我们在汤姆和尼克身上看到的那样，为了打断上述过程，我们必须插入一个正念的暂停键。在暂停时，我们深吸一口气，然后评估自身的想法和感受，或者命名它们。这个简单的过程就像让气球放气，使被触发的神经系统重新平静下来。从生理学的角度来看，暂停和几次深呼吸会激活副交感神经系统（arasympathetic nervous system），告诉大脑威胁已经结束。呼吸变得更深、更慢，血压降低，身体开始平静下来。

在教伴侣们如何应用正念时，我注意到缓和激化不再是重新联结过程中必要的第一步。通过正念练习，伴侣双方激烈的状态都已有所缓和，神经系统较少被触发，情绪得到控制。值得注意的是，在任何阶段情绪濒临爆发时，我们都有能使自己冷静下来的共同语言和做法。

举个例子，假设伴侣做了伤害我们的事或说了伤害我们的话，我们大多数人都会下意识地保护自己，当伤害来自我们的爱人时更是如此。然而，下意识的反应往往是最没有同情心的反应。当运用正念时，我们会停下来觉察内在的体验，会意识到自己的想法和感受以及内心反击的欲望。随后，我们可以探索每种反应及它们可能引发的结果。正念能帮助我们运用伴侣之间最为重要的工具之一，即情感智慧，它能帮助我们以周到的方式觉察、控制和表达情绪，以及妥当、体贴地处理关系。

如何谈论愤怒和伤害

如果一段关系没有受到多年糟糕经历和粗暴对待的影响，我们对想法、感受以及反应保持正念要容易得多。但如果我们承受了多年的痛苦和伤害，要想成为宇宙的平静中心就完全是另一回事了。

正念不是一种“情绪绕过”练习。你关注自身的想法和感受以试图缓和你与伴侣关系中的紧张局势，这并不意味着伤害会远离你。事实上，正念给了我们一个机会去真正地理解“我们为什么会愤怒”，以及愤怒之下的痛苦。

在从事愤怒管理咨询的过程中，我已渐渐将愤怒视为对恐惧、羞耻或悲伤等主要情绪的次生反应。在大多数情况下，我们的愤怒是身体说“这不行”的方式，这是一种防止进一步受伤害的保护措施。作为一名临床实习生，在其他成员皆是女性的诊所中，我是唯一的男性，也是最有可能领导“男性愤怒管理小组”的候选人。被扔进“狼群”之后，我的愤怒管理小组很少直接管理愤怒，而是更加关注隐藏在愤怒之下的伤痛和脆弱。为了让这些极度愤怒、有时甚至诉诸暴力的男性控制并理解自身的情绪，我要求他们停止关注自己的愤怒，转向关注愤怒之下的想法和感受。通过正念，这些人开始学会控制情绪的爆发，开始治愈那些令愤怒发作的伤口。

在充满疤痕和无意识的关系中，我们交流内心伤痛的选择受到严重限制，谈话可能经常变得不稳定，并充斥着自我保护措施下的愤怒。这些讨论通常非常乏味，几乎没有给彼此留下喘息的空间。根据我的经验，这时候沟通通常演变成这样：“好吧，你打算怎么办？”而另一方则回答：“我还要问你呢，你打算怎么办？”有时，为了向来访者展示他们的沟通成熟度已经下降到何种程度，我会打断这种“你打算怎么办”的对话：“你们要不要试一下‘你才是大傻瓜’这句话？”

我们必须学会谈论我们的愤怒，而不是通过愤怒来谈话。当我们通过愤怒进行表达时，会试图通过伤害他人来保护自己。我们往往诉诸斗嘴和咒骂，或者拒绝沟通、封闭自己。这感觉很像我目睹的汤姆和尼克之间的谈话时感觉到的那样，在那样的谈话中，人们几乎没有空间去洞察或仔细考虑伴侣的立场。在类似情况下，我会让伴侣们进行深呼吸、感受自己的双脚踩在大地上或者觉察身下的椅子。这种行为上的暂停具有“着陆效应”

（grounding effect），有助于调节神经系统，关闭战斗－逃跑反应。一旦情绪稳定下来，我就会要求伴侣们诉说他们的感受，像描述放在身旁椅子上的东西一样去描述自己的感受。当我们谈论愤怒和伤害，而不通过愤怒和伤害来谈话时，话语中的责备会减少，对痛苦和怨恨的描述更像是一种个人化的经历，而非对伴侣的指责，这种表达可以让谈话变得不再那么具有火药味。与汤姆和尼克的对话形成鲜明对比的是，当谈论愤怒和伤害而不通过愤怒和伤害来谈话时，我们通常会以更具情感智慧的自我部分来诉说。从这个正念之境出发，我们言语的目的不再是施加痛苦，而是帮助伴侣理解我们受到了何种伤害。这种沟通方式中有着一种内在的脆弱性。从本质上讲，它是在诉说：我想做一些不同的事情，我想改变游戏规则，开辟一条新的道路。

有一种流行的观点认为，没有人能左右你的感受，能对你情绪负责的只有你自己。这样想很容易，但我认为它如同新时代的法西斯主义。他人当然可能伤害我们的感情，当那个人是本该爱我们的人时更是如此。只不过我们不应该对来自他人的伤害及其带给我们的感受负责，我们要负责的是如何对这种伤害做出反应。

给大脑重新编程的机会

我们已经明确正念可以帮助伴侣们摆脱下意识的反应、缓和争吵，但是我们要如何改变伴侣之间的习惯呢？

我们是习惯的生物，这种说法并不新鲜。人类一直在创造好习惯和坏习惯，事实上，我们的大脑具有自动化的特性。人脑是一台不停处理信息的强大机器。为了对所有传入的数据进行分类，基底神经节（大脑中与学习、习惯和情绪形成相关的部分）和前额叶皮质协同工作，将重复的行为转化为自动的反应。一旦一种行为变成了自动反应，大脑就可以休息了。自动化的益处在于，习惯的形成允许大脑转向新的业务，即专注于新事物。让我们想象一下晨间正在为自己和孩子做准备的父母。阳光洒进家中，我的妻子就像一个漫画中的超级英雄：她一边在为自己和来访者做准备，一边可能在处理短信和电话，还要为孩子穿衣、平息争吵、舒缓情绪，其中有些是她自己的，安排照顾孩子的事务、监控屏幕时间，同时准备几道丰盛而营养的饭菜，以便让我有时间写这本书……她做大部分这些事时不必有意识地思考。与其他许多忙碌的父母一样，她之所以能够进行这种类似马戏团的表演，是因为大脑能够将某些行为转化为自动化的例行事务。虽然这听起来像是一项超人的技能，但正如我“什么是爱的正念”这章所暗示的那样，对于伴侣们而言，自动驾驶有时候并不是福音，而是痛苦之源。

对于大脑而言，萌芽的爱情就像一个刚刚从盒中取出的闪亮玩具，新鲜而有趣。在我们努力争取并尝试赢得潜在伴侣的心的时候，大脑还没有开始自动驾驶。当新关系中澎湃的多巴胺开始消退、生活中的压力和各项责任开始发挥作用时，伴侣开始在我们的大脑中退居二线，因为其他更紧迫的事情会夺走我们的注意力。像生活中许多其他事情一样，我们的想法、感受和对关系的关注有时也会成为大脑天生自动化倾向的牺牲品。来咨询的伴侣们通常都承受着自动驾驶的副作用。在最好的情况下，此类无意识的关系会让伴侣们感到自以为是、无聊、不被重视或不被珍惜，而在最坏的情况下，自动驾驶状态会引发恶意、怨恨，甚至是精神、情感或言语上的虐待。

自动驾驶的伴侣是陷于困境中的伴侣。一旦陷入负反馈循环中，他们注定会通过“赫布定律”（Hebb’s law）来加强这些模式。赫布定律也叫赫比假设，是神经科学中的一种理论，它提出，当我们一次又一次地有同样的想法与相同的经历时，被一同激发的神经元就会习惯于一起工作或持续保持

“激发”的状态。[6] 基于这一原则，无法打断消极模式的伴侣们会无意识地在大脑中创造支持消极模式的神经通路，如果不加以控制，我们会习惯性地怨恨自己的伴侣，就好像他们是我们的敌人一样。在自动驾驶时，我们创造了这样一种缺乏善意、体贴和共情力的叙事关系：开始时轻微的气恼慢慢变成蔑视，当伴侣试图与我们建立联结时，我们会通过冷漠和蔑视的滤镜看待他。由于无法改变或不愿改变，我们的模式最终会在大脑中产生神经通路，朝着憎恨我们曾深爱之人的方向发展。

把伴侣的心“放进瓷器柜”

大约 20 年前，我与我当时的女朋友，也就是我现在的妻子（那时她 20 多岁，我 30 出头）都是纽约的调酒师。当然，我们之间拥有的不仅仅是共同的乐趣和被龙舌兰酒填满的夜晚。说实话，有些夜晚并不那么有趣，它们在过多的酒精、不成熟和对彼此缺乏敬重所引发的争吵中结束。我们都做过不想回忆的事，也都说过想要忘记的话。一天早上，在对彼此进行了十分粗暴的言语攻击之后，我们余醉未醒，疲惫不堪，为自己的行为感到非常羞愧。如往常一样，我们花了一早上谈论和反思前一天晚上的事，彼此都感觉很糟糕。然而，就在那个早上，我们躺在位于 61 街和第一大道交汇处的破公寓的床垫上，做出了一个小小的承诺。我们承诺再也不辱骂彼此。虽然辱骂并不常发生，但对于我俩希望见到的局面而言，依旧过于频繁了，这显然是不好的做法，是个坏习惯。我内心深处知道，互相辱骂是我不想要的那种关系的前兆，那种关系的规则取决于你有多生气，在那种关系里，对彼此的爱和敬重都将在激烈的对抗中被抛弃。

就这样，我们做出了永远不再辱骂彼此的承诺。我不得不承认自己对此充满怀疑：能做到吗？我能保证无论多生气或多受伤都永远珍视她吗？对交谈方式保持正念成为我们修炼的一部分。这并不意味着事情突然变得完美，就像大多数新结合的伴侣一样，我们试图找到一种相处的方式。当情绪高涨时，我们几乎忍不住要违背诺言，但我们依然坚持住了。在那个看似微不足道的早晨，我们在那段关系中不知不觉地创造了敬重。敬重是一种带有敬畏和崇拜色彩的深层尊重。它很少被人们罗列在关系中需要或想要做的 10 件事的清单中，但它是恒久爱情的基础。在生活中，我们都有要小心对待、用心对待的人。他们可能是我们的父母或祖父母、年幼的孩子或值得信赖的好朋友，甚至可能是老板、同事或客户。然而不幸的是，根据我的经验，浪漫关系中的伴侣在这份敬重名单上的排名往往相当靠后。

几年前，一位女士在我的咨询室中抱怨自己的丈夫，而后者就坐在离她不到一米的地方。她谈到丈夫多么懒惰，多么愚蠢，养育子女的方式多么糟糕……这位丈夫的举止以及他放任妻子在咨询时粗暴对待自己的方式说明，他在很久以前就停止了争辩。他已经放弃了为此抗争，并放弃了任何改变妻子对自己看法的尝试。

我让谈话持续了一小会儿，以了解他们家里发生的事情。在某一刻，我打断了这位女士的话，问道：“你做的是什么工作来着？”

“理疗师。怎么了？”

“我想知道你会不会像刚才和你丈夫说话那样对待你的患者。”

她的表情变得有些恼怒，因为谈话转移到了她的身上。“不，永远不会。”她回答的方式暗示着我的问题很荒谬。

“为什么？”我问道。

“因为我不想弄丢我的执业执照。”

“所以你的意思是说，你的理疗师执照对你而言比结婚执照更重要？”那位丈夫的脸上逐渐展露出了本次咨询中的第一个微笑。

大多数伴侣之间都不同程度地缺乏敬重，但为什么呢？我认为我们大多数人都有选择，那么为什么我们会选择生活在一段缺乏敬重的关系中呢？如果我们能对生活中的某些人表达敬重，为什么那个人不可以是与我们同床共枕、共同生活，甚至可能一起生儿育女的那个人呢？这个问题的答案可能听起来很悲伤：因为我们没有必要这样做。你瞧，我们知道自己的伴侣投资了很多。随着时间的流逝，他们投资了孩子、家庭关系、金钱关系、抵押贷款、结婚证书，以及一段关系中所有其他要素，我们非常确定他们不可能很快离去，这会让我们懒惰。我们会想："他们会没事的，我会弥补的。"或者更糟："他们会忘记的。"因为我们与伴侣紧密相连，所以总认为自己有很多机会、大把的可能性以及足够多的条件来把事情办好。然而实际上我们没有那么多机会。

缺乏敬重会在内心留下疤痕。你可能会对自己说："但我们不像那对夫妻，我们不会那样做作地对彼此说话。"不错，但是你对待自己的伴侣是否像对待最好的朋友、同事或客户那样善良和体贴呢？你们是不是珍惜并敬重彼此呢？如果不是，那么接下来我要告诉你：缺乏敬重会使你们的关系变得平淡、无聊、索然无味。

在一段关系中，当我们放下武器、把伴侣的心放进瓷器柜后，一些改变就会发生。当我们认为惯常的防御方式不再受欢迎或不再适当时，便开始敞开心扉，因为此时敞开心扉变得安全了。我和阿什莉都没有想到，那天早上对彼此的承诺将永远改变我们之间关系的文化，并培育出一个让爱有机会扎根的空间。如果不是因为正念练习，我们的故事可能会走向不同的方向。如果没有正念，这个故事将是一个被遗忘的瞬间，成为我们曾经年轻、浪漫、天真、敢于想象不可能之事时期的一个短暂片段。这听起来可能有些夸张，但是事实。在一段关系中，正念练习有可能使看似不可能的事情变得非常非常有可能。

成为彼此生命的见证者

被爱是美好的，被理解是深刻的。

——艾伦·德詹尼丝
美国主持人、演员

那是我和阿什莉在纽约参加海利克斯项目培训的第二年末。海利克斯是一个为期 4 年的心理咨询培训。与一些沉闷的临床项目不同，它不拘一格的治疗方法让我们感觉更像是在霍格沃茨魔法学校学习。我们想要了解心灵、身体和精神，了解这些基本要素之间的相互作用，海利克斯满足了这种强烈的渴望，并给予这种渴望方向和指导。到第二年结束的时候，我们都已展现出在这项工作中拥有的天赋，且同时显露出已经做好准备的迹象。

一天早上，我起床后发现阿什莉又一次陷入了沮丧和低落，这样的事情在那段时间里常常发生。我认为，海利克斯项目的座右铭应该是："如果你不能解决自己的问题，怎么能帮助别人解决问题呢？"因为海利克斯要求我们掏出自己的真心，经历我们的来访者即将经历的治愈之路。在真正踏上这条路之前，这理论可以说听上去很棒。那天早上我找到阿什莉时，她就正在这条既美丽又可怕的治愈之路上。她在客厅，蜷缩在绵软的椅子上，穿着我的旧 T 恤衫，那件 T 恤衫长至她的膝盖。她的脸颊淌着泪水。我在对面的沙发上坐下。"你还好吗？这是怎么回事？"我问道。如今我已想不起当时谈话的主题了，也许是因为我没有真正在听，也许是因为我不想她再受到伤害。无论如何，她倾吐着自己难以承受的深刻痛苦，那是一种她几乎无法向自己诉说的痛苦，更别说向另一个人吐露了，当她结束倾诉时，我的回答是："你为什么不尝试使用一下你的工具呢？"我指的当然是我们在学校的训练中使用的众多工具和技能。这是有道理的，对吧？我想我们已经掌握了所有这方面的知识，她只需要把它们用在自己身上，问题就解决了。

我可能不记得那天早上她为什么哭，但我永远不会忘记当时她脸上的表情：混合着难以置信、愤怒、恐惧和放弃。我希望我当时话一说出口就后悔了，我希望那只是一瞬间的判断失误，我希望自己恢复理智并立刻进行自我纠正，但我没有。实际情况是，我那时只想治好她。我不想出现在她疗愈的过程中，我不想花时间去理解她的痛苦。我希望我深爱的人不再受到伤害，尽管这听起来令人钦佩，但根本不是她所需要的。格伦农·道尔（Glennon Doyle）在《爱情战士》（*Love Warrior*）中写道："你必须被懂得才能被爱。"在那一刻，阿什莉迫切地需要被我懂得。她需要有人告诉她："我看到你了。我知道这一切有多难。我爱你、理解你。"然而遗憾的是，无论是对于她、对于我，还是对于我们而言，我都错过了这个机会，因为我急于为她的痛苦找到答案。 我错过了这个机会，不是因为我不在乎，而是因为我没有带着目的去关注她。我和她并不同调。

鲜有人知，同调是正念的近亲。正念将我们的目光转向内在，同调则转向外部，试图觉察他人。当与他人同调时，我们可以理解他们的内心世界，我们不仅能将注意力集中在他们的话语上，还能集中在他们的能量模式上。正念心理咨询师丹尼尔·西格尔①曾说："同调的主观一面是真实的联结感，是深刻的'看见'，是体会另一个人的本质。当其他人感觉我们与他们同调时，就会感到被我们'感受到'了。"[7]

① 国际知名教育家、心理学家，正念觉察研究中心联席主任，第七感研究所创始人。其经典著作《全脑教养法》基于对大脑结构及其运作机制的研究，针对各年龄段的孩子提出了全脑教养指南，以帮助父母破解育儿难题。这本书的中文简体字版已由湛庐引进，由浙江科学技术出版社于2023年出版。——编者注

在浪漫关系中，同调是我们觉察、理解和感知伴侣情绪的能力。这是一种状态，我们把自己放在一边，试图真正了解并深刻理解他人的体验。当我们与伴侣同调时，他们会感到被懂得和被理解，因而感到被爱。但问题是，感受往往令大多数人感到不适。由于这种不适，我们倾向于在文化中将感受病态化。如果感受不太好，我们会认为一定有什么地方不对劲，应该采取措施立即停止这些感受。大众心理学告诉我们，不要去感受我们所感受到的东西。流行的吸引力法则告诉我们，我们不能感到难过，因为如果我们感觉不好，就不能与自己想要吸引的东西同频共振。好吧，那我该如何处理这些恼人的恐惧、悲伤和羞愧呢？

几年前，我请我的心理治疗师……不，是恳求她给我开一些治疗焦虑的药物以帮助我摆脱难受的情绪。我当时正准备向我的第一任妻子提出离婚。我的生活一团糟，并且即将伤害一个好人。我的治疗师回应说："你感到非常伤心，悲伤和沮丧这些情绪都是适合这种情况的情绪，你应该有这种感受。"尽管不情愿，但我知道她是对的，我没有通过服用药物来消除那些感受。

在佛教中，莲花被用来象征人类的境况。要充分理解这个意象，我们就必须记住，它包含莲花以及生长出莲花的淤泥，延伸来说，它不仅包含生活中的光明，还包含其中的黑暗。然而，在西方，我们倾向于关注美丽的花朵，而忘记了如果没有淤泥、尘土和黑暗，就不会有莲花的事实。生活会带来痛苦，我们需要不时地感到悲伤、愤怒或沮丧。当我们所爱之人在痛苦中挣扎时，保持同调或者临在可能显得不合时宜，特别是当我们确信自己在这个过程中会表现得笨拙和无用时。这样的经历常常带来回避、沮丧的感觉，或者像我个人所经历的一样，产生强烈的修复或拯救的欲望。

那天早上我坐在阿什莉的对面，我得知自己的任务不是要为她的情绪做任何事。同调练习可能会被认为像是一个残酷的恶作剧。不采取行动，只是保持临在，这能行吗？但这正是需要做的。我开始与她同调，学着少做、多听，让我与生俱来的同情心和共情力流动。她的感受不再令她为难或烦躁，它们像阵雨一样来去。我的任务是了解阿什莉的痛苦，和她一起度过风暴、活在当下。作为她的伴侣，我的任务是成为她生命的见证者，而不是承接一个需要我修复的项目。事实上，只有当我放下工具包时，阿什莉才能够在她需要的时候拿起自己的工具，并且当她准备好时就会使用。

这让我想到了同调概念中另一个重要的基本点，那就是倾听。此前说过，必须被懂得才能被爱。接下来我想说的是，如果要被懂得，首先要被听到。大多数人都不是好的倾听者，我认为这么说并不过分。人们有一种自然的倾向，就是都想要抢先说话和抢先被听到。在谈话中，大多数人都在思考他们接下来要说什么，即使当伴侣正在说话时。正如我之前所说的，人类的大脑是为自动处理和分类信息而设计的，倾听则是次要。这就是为什么当有人倾听我们的经历并提出清晰的问题来试图理解它时，我们会感到新奇和美妙。这种同调的倾听也是使心理咨询如此吸引人的原因之一。真正停下来，暂停自身的一切并临在于他人的经历中，是一种认知与行为上的努力。换句话说，这是一项关于正念的努力。

在我的练习清单中，教导伴侣们达成正念是第一项工作，帮助他们彼此同调紧随其后。如果缺乏正念和同调的关系，伴侣们将很难到达真正的深度。如果浪漫关系中的伴侣在诉说自己的生活体验时感觉进入了没人关心也没人倾听的深渊，他们会感到孤独、愤怒、被遗弃且心生怨恨。正如你稍后会在第三张练习清单中看到的，叙事、同调缺乏及其伴随行为会侵蚀我们的人际关系。当我们感觉未被所爱的人看到或听到时，就开始编造与之有关的负面的、有害的叙事，这将极大影响我们对于他们是谁和他们不是谁的认知。然而，当保持同调时，我们实际上是在说：“我会永远支持你，关心你，并会为你和你的生活做见证。你很重要，而且你可以信赖我。”这种对所爱之人表达关注的努力能够拉紧伴侣之间的纽带，建立深厚持久的信任。

人类是能够拥有强大的善意、同情心、共情力和理解力的生物，这些品质应该成为我们献给所爱之人的宝藏。然而，就像那尊黏土佛一样，我们隐藏并保护着自己的宝藏，特别是在感到脆弱的时候。对伴侣保持正念有助于我们超越走向封闭或隔离的本能。在浪漫爱情中，我们经历着一种分裂：虽然我们非常渴望建立心灵的联结，但打开内心的暴露感会令人感到难以忍受。正念能帮助我们给这种分裂留出空间。

在本章中，我概述了正念的好处。现在是时候开始练习了。接下来，我将详细讲述如何在你的生活和关系中应用正念。现在，开始关心你的想法和感受。从一个全新的视角，即见证者的视角来觉察你的内心世界。深吸一口气，暂停你的反应，单纯地觉察。哦，对了，别忘了呼吸。

03

如何用正念中断争吵、怨恨和愤怒

只需观察这一刻，不要试图改变它。发生了什么？你有什么感受？你看到了什么？你听见了什么？

——乔·卡巴金

正念减压疗法创始人

宫城先生的道场

自我上一次见到汤姆和尼克已经过去了几周。今天，他俩紧挨着坐在我的沙发上，两人之间的能量与上一次会面时相比发生了很大的变化。

尼克笑着说："你宫城了我们。"

很明显，这是一个我没听懂的玩笑。我虽然不介意，但很好奇："我没明白。"

汤姆试图解答我的困惑，说："你知道森田则之吧，《小子难缠》（*The Karate Kid*）里的那个东方武术大师。'把蜡弄上去，把蜡弄下来。'"

"我当然知道这部电影，但我是怎么'宫城你们'的？"

汤姆继续解释："就是所有那些正念的事情。让我们进行迷你冥想、正念散步、正念饮食……我之前从没有意识到我吃东西的速度有多快。”

尼克又笑了，轻轻地拍了一下汤姆：“你才意识到吗？”她转向我，“汤姆吃饭的时候我都尽量躲远点，不然手指头都没了。”汤姆并没有被冒犯到，他点了点头。

我很惊讶，他们之间的善意和轻松是此前从未有过的，或许在两人关系的初始阶段曾经有过，现在又重现了。尖锐的挖苦和白眼已经不见了，他们像喜剧团队一样彼此配合。我第一次见到了最初促使这两人在一起的那种吸引力。

汤姆和尼克说的电影是20世纪80年代的影片《小子难缠》，影片中，宫城先生（森田则之饰）教一个十几岁的男孩丹尼尔学习空手道。然而，正如每个看过这部电影的人都知道的那样，宫城先生采取了一种非传统的迂回教学方式。丹尼尔没有学招式，而是被要求完成一系列看似无意义的杂活：给栅栏刷漆、给汽车打蜡、给地板抛光……所有这些在他看来与自己学习空手道的愿望毫不相干。然而随着电影情节的推进，丹尼尔惊讶地发现，那些杂活实际上是他成为空手道冠军的技能基石。

汤姆和尼克所用的比喻很贴切。当我要求伴侣们进行与他们彼此联结的愿望看似无关的练习时，他们的感觉和影片中的丹尼尔颇有些相似。在最近的一次访谈中，汤姆和尼克感受到了正念练习对他们关系的影响。两人正在学习通过暂停和选择对彼此的反应来缓和紧张的对话。他们之间的关系变得更富有善意和同情心了，两个人也变得对彼此更加敬重了。

正如我在“什么是爱的正念”这章开头提到的，人们对伴侣治疗的样子都会有大致的预想。然而，我不会要求伴侣们进行那些老套的练习，而是倡导正念呼吸，倡导带着体贴之心完成日常事项，倡导在静观中用餐，倡导关注自我而非伴侣。简言之，我首先倡导正念练习，并且经常要求伴侣们从始至终地践行，结果往往令人惊讶。

应用于伴侣治疗的正念提供了一种全新的体验，对治疗也给出了全新的定义。但这也意味着伴侣们需要在咨询室之外有更多的努力。我想告诉我的来访者，虽然你们在访谈中的经历会十分美好、令人振奋，甚至超出了最疯狂的预期，但如果你们的大部分努力都局限于咨询室，可以肯定的是，你们的关系不会变得更好。

因此，你们必须努力将正念置于日常生活中，持续练习。人们很容易进入自动驾驶状态并忘记觉察，这是大脑的本能。如果你把正念作为日常生活的一部分，不需要很长时间便能看到它的好处。研究表明，人们只需 6 ～ 8 周就能看到正念的回报，而我的来访者中有许多人都反馈：在更短的时间内就能看到进步。[8]

以下是一些基于正念练习的案例，以及在生活和关系中应用这些练习的方法。

为自己留出一点时间

在关系中变得更具正念，也就是在日常生活中更具正念，这首先意味着每天花一点时间来设定一个目标。对我们而言，目标是更多地留意、觉察自己的想法和感受，并更多地聆听伴侣的需求。奥普拉·温弗瑞在其播客的开场白中说道：“你能给自己最有价值的礼物之一就是时间。花时间去更加充分地临在。”我对此的理解是，这是关于自己的时间，也是属于自己的时间。这是沉思的时间，是写日记的时间，也是进行启发性阅读的时间。我对于开启正念练习的建议是，每天为自己留出一点时间，可以短至 10 分钟或 15 分钟，也可以是 1 小时或 1 小时以上。《改变的历程》（*Breaking the Habit of Being Yourself*）的作者乔・迪斯派尼兹（Joe Dispenza）博士每天早上给自己留出2.5小时为一天做准备。显然，我们大多数人没有这样富余的时间，但无论你有多少时间，都要抓住它，要为它腾出空间，要守护它。这可能意味着你必须每天早一点起床或晚一点睡觉，但最终结果是值得的。

花时间思考你的生活、你的一天以及你与伴侣的关系，这至关重要，它为一切奠定了基调。我们可以为当天的任何工作或任务制订计划，做好心理准备，并自问下列问题：我想如何与伴侣互动？我们的进展如何？我 / 我们需要做一些不同的事情吗？……我鼓励所有的来访者每天留出一段有意识的、正念的时间。我要求他们记录自己的想法和感受，以便更好地觉察。我敦促他们阅读有关心理自助、疗愈、人际关系或任何他们认为有启发的、增长见识的、有教育意义的书籍或文章。

当我们以这种方式开始或结束一天时，往往能更好地应对生活抛给我们的任何问题。我们将更具自我感知力，当面对触发性的情境时，能够调用情感智慧进行应对。我的许多来访者反馈，当他们通过阅读、写日记或仅仅是思考"如何度过一天"来开始一天时，他们就不再那么被动消极，而是能更多地觉察和感知自我及伴侣。就我个人而言，我喜欢给自己留出 30 分钟到 1 小时的反思时间。我通常从正念呼吸开始，通过它我可以感知自己的想法和感受。我会阅读所爱书籍的片段，并考虑是否可以将读到的概念带入生活中进行练习。在反思的最后，我会为自己生命中亲近的人际关系设立一个目标。我问自己："我想怎样出现在妻子、孩子与来访者面前？"大多数人只是以自己碰巧处于的任何状态、拥有的任意心情或心态开始生活、面对关系，如果我们没有设定目标的意图和时间，我们的关系将不可避免地受到生活中的不确定性和压力带来的影响。

3～5分钟的小练习

暂停可以在任何地方进行。它可以发生在你的办公桌前，在拥挤的公共汽车或火车上，或在银行排队的队列中。一些来访者说，他们没有那么多时间投入练习，每天三次更加不可能。对此，我会说："真的吗？你上一次查看或使用社交媒体是什么时候？"如果你有时间浏览社交媒体或上网冲浪，你就有时间做一些有意识的暂停。对于那些说自己找不到时间或不记得这样做的人，我的回答是，你很有可能是不想这样做。这听起来可能很刺耳，但我相信，我们会做我们想做的事，不会做我们不想做的事。简单地说，这是一种选择。你优先考虑其他事情，而不是这个练习和你的关系。如果这是真的，你可以考虑跳过中间内容，直接阅读本书"如何承担个人责任"这章的相关内容。

一开始，我要求来访者在手机上设置闹钟，分别在早上、中午和晚上提醒。这是一个例行程序，是我在觉得自己的正念练习偏离轨道时也仍然会使用的。正念是一项很简单的练习，但又并不总是那么容易。暂停持续3～5分钟，可以在任何地方进行。除此之外，唯一的要求是命名或标记任何存在或出现的感觉。例如，如果感到愤怒，我会引导来访者对自己轻声说："这是愤怒，这是我的愤怒，我很生气。"如果悲伤的感觉强烈，我会让他们对自己重复："这是悲伤，我很难过。"我让他们持续这样做，直至神经系统开始稳定下来。命名是一种基于正念的传统技巧，可以帮助我们变得不那么容易应激，不那么容易被情绪绑架。心理治疗师格雷格·约翰逊（Gregory Johanson）和罗恩·库尔茨（Ron kurtz）认为，当找到合适的词来描述情绪时，我们的体验就会发生转变。当我们被正确地称呼，或者我们的体验被正确地命名时，我们会感到被理解，感到放松，呼吸也会更加顺畅。[9]

命名将注意力引向内在，而且是我们唯一可以控制的东西上，那就是我们自己。当我们通过命名或标记夺回控制权时，指责或反击便显得不再那么有必要，这将使得被触发的神经系统明显缓和。命名可能不会完全消除我们的问题，甚至不会完全消除令人难受的情绪，但这并不是它的目的。当我们命名或标记一种感受时，我们只是在说，这对我们来说是真实的。在我们的文化中，我们很大一部分时间都在努力不去感受自己的感受。在这种情况下，命名可能正好与我们通常处理情感的方式相反。

研究表明，一段关系的好坏取决于我们是否认识到自己内心的痛苦和情绪，我们需要接受、拥抱和改变它们。[10]

努力暂停下意识的反应应该是每一对伴侣必备的技能。这一类型的正念练习不直接关注伴侣，却有使伴侣之间的氛围变得柔和的力量。

用宫城的玩笑把大家逗乐之后，尼克说："正念练习可能没有解决我们所有的问题，但它给了我们一种全新的处理方式。我会停下来，然后觉察自己对汤姆的行为或话语的反应。接下来我会深吸一口气，想：'我想怎样跟他说话？我希望事情如何发展？'"

汤姆赞同地说："我甚至都没有意识到，从前的日子好像又回来了。我看到尼克不再激烈地反应，也不再像之前那么暴躁了。我可以看到他在做不同的尝试，这让我也想更加努力。我每天都虔诚地练习迷你冥想，我发誓，它确实带来了很多改变。"

对于汤姆和尼克来说，正念是他们之间紧张关系的一剂良药。得益于正念，他们重新开始围绕一些旧话题展开全新的、不同的讨论，而这些话题一度被认为过于敏感，甚至被视为禁忌。

发现 5 个新事物

在许多正念相关的课程中，我们需要带着觉察完成日常任务，目的是使正念练习更易于理解和掌握。对于许多人来说，正念可能会令人困惑，让人产生“我这样做对吗”的疑问。请学习以更加临在的方式处理生活中的平凡琐事，这样不仅可以使正念变得更加容易，还可以在一天中创造无数练习的机会。我会要求每个人选择一些经常以自动驾驶方式执行、缺乏斟酌和思考的日常活动。这些日常活动包括洗澡、倒垃圾、散步和吃饭等。指令很简单：选择一个任务并减慢它的速度，有意识地执行它，这意味着尽你所能把注意力集中在当前的任务上。当你的思绪难以避免地开始漂移时，请轻轻地把注意力带回到此刻正在做的事情上。如果你正在洗碗，请用心体会水的触感。当你的手在盘子上移动时，请把注意力集中在手上，感觉手中握着的海绵以及另一只手中拿着的盘子。如果你正在散步，请注意移动身体时的感觉，觉察你周围的环境，看看有什么是以前没注意到的。一个很好的法则是，尝试在这项体验中觉察 5 个新事物，对这些新事物，你以前可能仅有模糊的概念。在自动驾驶状态时，我们很容易忘记觉察。在正念练习中，重复是我们的朋友。正念练习的目标是强化你的正念“肌肉”，让你意识到自己开始了自动驾驶。随着正念肌肉的加强，你的下意识反应将出现得越来越少。

锚定爱，互相靠近

当汤姆和尼克的互动变得过于情绪化并开始趋于中伤彼此时，我给他们提供了一种我称为“爱会怎么办”的技巧，这是我要求伴侣们在事态恶化时采取的一种做法。这是一个简单、安全的技巧，如果使用得当，伴侣双方都将免于制造进一步的混乱和伤害。

在这个方法中，第一个意识到事态即将变得糟糕的人是锚。我让作为锚的那个人深吸一口气并问自己："现在爱会怎么办？"然后将得出的答案付诸练习。他们可能会互相靠近、拥抱或握手，可能会为自己的言行负责，也可能会接受伴侣的感受，而不再继续争吵。无论如何，"爱会怎么办"是一种打断，它提醒我们，我们的目标是建立以心为本的联结，而不是互相抵毁。

我想指出的是，练习这种技巧起初可能会很困难，因为它可能会让人产生一种在战斗中途放弃的感觉。我们可能会觉得自己正在放弃自己的论点并在某种程度上屈服。请放心，"爱会怎么办"不是屈服，它仅仅是提醒我们可能正在向一个糟糕的方向前进，并且那个方向可能是我们此前走过的。"爱会怎么办"也是一种理解，它让我们了解重新调整的必要性，让我们能够重新从一个有善意和同情心的起点开始。

对于某些人来说，这个方法可能像一片创可贴，但我认为它更像是一种方向校正。实际上，爱会把我们推向完全不同的方向。这种方法的最大优点是：它为我们提供了一个机会，让我们停止伤害对方，并质问我们想要在痛苦的道路上走多远。

我和我的来访者都有同感，这个问题就像一桶我们急需的冷水。它将我们泼醒，让我们意识到自己故意制造的混乱，但这实现起来并非总那么容易。值得庆幸的是，这个问题本身就将我们置于正念之境，并勾勒出正念和同情心之间的潜在联系。根据我的信念和经验，当面对是要施加更多的痛苦还是要通过天生的善意来行事的选择时，人类的天性会不可避免地引导我们走向同情，很少有例外。正念练习就是在我们最需要仁慈的时刻表现出仁慈。

对暴力离开说“不”

所有的伴侣都会经历冲突。有的时候，谈话会变得非常激烈，以至于一方或双方需要暂时中断一下。这些情况需要一种策略，即在对话中暂停，但这种策略也有不利的一面，即如果一方突然离场，另一方可能会体会到被抛弃的感觉。

像许多伴侣一样，汤姆和尼克在情绪激动时也会有一些不良的做法。尼克使用的策略之一是“暴力离开”（violent leave）。当有人从激烈的争论或艰难的对话中冲出来时，就会发生暴力离开的情况。这种类型的离开通常以某种严正的声明开始。例如，“我不知道我是否还能继续了！”或“该重新思考我们的关系了！”紧随其后的是“砰”地一声摔门离场。我把这种离开归于一种暴力，因为它带有潜在的暴力成分。如果分析它，我们会看到其中有使人质疑这段关系是否还能或还要继续下去的声明。这种声明是一种试图通过制造恐惧来占据上风的策略，本质上是暴力。

实际上，这扇门是通向外面还是通向另一个房间都无关紧要（进入另一个房间只是稍微好一点点而已），因为无论出口通向哪里，就其本质而言，没有预警的抛弃都是一种暴力。虽然这听起来像是夸大其词，但传递的信息在对方看来很可能就是：“我有能力抛弃你、离开这个地方和这段关系。”伴侣中离开的一方正在让另一方品尝被抛下的滋味。

对于曾有被遗弃经历的人来说，这种类型的离开可能特别难以接受。对于那些曾因被遗弃而受伤的人来说，因暴力离开而可能产生的感觉是退行性的，有可能给他带来童年痛苦记忆的闪回。童年是人类最为脆弱和无助的时期，有被遗弃经历的人可能会对暴力离开产生远远超出当前范围的反应。如果关系中的一方或双方有被遗弃史，那么学习使用“正念中断”（mindful break）非常重要。

当把暴力离开说成是一种不公平的、过分的、暴力的策略时，我遭到了反驳。汤姆辩解说：“那我该怎么办，就坐在那里忍受糟糕的对待吗？”答案当然是否定的，任何人都不应该被迫与任何你无法忍受的人待在一起。然而，通过一个严正声明来质疑这段关系的有效性继而抛弃你的伴侣的做法也不可取。如果我们的目标是使关系变得更好，就应该做更多的努力。当来访者需要在冲突中暂停一下以厘清自己的想法时，我会提倡正念中断。正念中断允许离开，但没有严正的声明，并且不采用暴力离开方式。

让爱的边界更明晰

那么，如何进行正念中断呢？你可以按照以下四步进行练习。

第一步：通过几次呼吸把你的注意力集中在内心中。这是一个停止参与冲突的时刻，用呼吸将你被触发的神经系统带回中心。

第二步：命名你的感受。记住，当你这样做时，你是在给自己提供从感受中解脱的空间。例如，你可以对自己说“我很生气”、“我受伤了”或“我需要离开房间”。

第三步：尽可能善意地告诉伴侣你需要什么以及你接下来要做什么。例如，“我需要中断一下谈话”或“这样来来回回似乎没有任何建设性，有什么办法可以让我们休息一下吗？”

第四步：告诉你的伴侣你要中断一下，并承诺在约定的时间内返回。例如，“我要中断一下，但我会在几分钟 / 几小时内（或明天早上）回来，那时我们可以继续交流。”在冲突之外围绕正念中断达成一致并协商确定措辞是一种有益的策略。你们可以商讨一个对双方都有效的中断时间框架，并约定离开时的措辞。采取积极、主动的措施可以消除意外因素的影响。

暴力离开的模糊性可能会带来残酷和无情的感觉。相比之下，正念中断的精准性可以让人感到友善和爱意。花时间明确说出你需要在冲突中暂停一下，然后说出计划返回的时间，这展现了关心和同情心。当前冲突中的巨大转换有助于重新设定此后的对话框架。对尼克来说，汤姆愿意使用正念中断，这让尼克内心年幼的自我部分明白，自己不是永久地被抛下。正念中断为未来的任何分歧提供了一个明晰而健康的边界。

对于汤姆和尼克来说，任务还没有结束。他们正在享受正念练习为关系带来的积极影响与缓和效应。通过花时间练习这些简单强大的工具，他们获得了彻底重新定义联结所需的知识。有了正念的基础，他们打开了通往其他 4 张练习清单的大门，并终将通向充满可能的全新世界。

当阅读这些材料时，你可能会感受到一些抵触。需要理解的是，对新事物和不同事物产生抵触是非常正常的。如果这种感觉发生了，你只需命名它并觉察它。请与你的抵触情绪同在，并观察它在每一次新练习中是淡化还是持续存在。现在，我邀请你将正念带入你的生活和你的关系中。

04

爱的正念练习

释一行禅师[①]曾说："如果你爱某人，你能给予的最好礼物是你的在场。如果你都不在那里，如何爱呢？"[11]

正念是一种有意识地时刻关注我们内在精神、情感和身体中发生之事的练习。当修习正念时，我们能够更好地调节自己的情绪，有效地避免对彼此进行下意识反应。本书的第一张练习清单教导我们如何在关系中更加临在。当我们临在时能更好地觉察自己的行为，并能更好地与伴侣同调。

接下来我提供了一些练习，你可以实时练习以增强对正念的理解。这些技巧旨在为你提供有关正念的实用知识。请花点时间理解和掌握，并体会它们为你带来的益处。

停在当下的感受中

请承诺给自己和正念练习留出时间，每天花点时间关注自己的想法和感

① 现代著名的佛教禅宗僧侣、诗人、学者及和平主义者。"释"为姓，一行是他的法号，也有人称他为一行禅师。——编者注

受。你可以通过冥想或写日记的方式来练习。这是一个学习倾听和专注的机会。请记住，这不是纠正或评判自己的机会，而是理解的时刻。在这样做的过程中，请注意正念如何影响你和你周围的人。

请关注这些问题：你更加专注和临在了吗？你是否能够更好地觉察自己的想法和感受？你的反应变得不同了吗？有没有人注意到你的变化？

觉察你的呼吸

这个练习要求你在本周内每天暂停三次，并觉察自己的想法、感受和身体感觉。设置闹钟或下载带有提醒功能的正念应用程序可能会对你有帮助，你可以分别在上午、中午和晚上设置提醒。

请你以舒适的姿势坐上 3 分钟，将注意力集中在呼吸上。觉察你的吸气和呼气，注意你的思绪是否想要漂移或跳跃。当你分心时，把意识带回到呼吸上。一开始你可能会发现很难让思绪平静下来，注意力也很难集中，这是正常的。

如果你感到沮丧，尽量不要评判自己，这时请标记这种挫折感，然后把注意力带回到呼吸上来。

3 分钟后，花点时间反观一下你的体验。你的思绪是放慢了还是加速了？你觉得更放松还是更激动？你意识到了什么？这里没有错误的答案。你可以把想法和感受记录在日记里。记住，正念最困难的部分是记得去做。这个练习旨在帮助你将正念记在心中。

与伴侣同调

兰格博士曾说，如果你想在你们的关系中变得更具正念，只需觉察关于伴侣的 5 件新鲜事。这些事不一定是“全新的”，但应该是你以前很少关注的方面。如本书“为什么正念对伴侣如此重要”这章所述，当与伴侣同调时，我们开始注意到与对方相关的事情。例如，你可能会注意到对方的新发型或新衣服，注意到对方声音中的悲伤或者能量的转变。你可能还会注意到对方所做的一些事情，那似乎都是日常例行事务，但对方从未获得过一句“谢谢”。与伴侣同调，会让其感到被看到和被理解。

请设定一个目标，努力同调并觉察此前从未看到的事，富有善意和同情心地传达你所看到的事。借助这种方式，你几乎不需要任何努力就可以变得体贴。同样，这个练习最困难的部分是记得去做。

觉察不愉快的经历

当令人不愉快的人或事进入我们的生活时，我们往往倾向于为此感到烦闷。通常我们会进入自动驾驶状态，思忖发生过的事情，并幻想当时应该做些什么或说些什么。

令人不愉快的事总有惹恼我们的能力。作为练习，请你试着回忆一些明显令人不愉快的事或人，觉察这段回忆会让你产生怎样的感觉。以下问题会帮助你觉察：这次的事让你怎么想？它让你想做什么或想说什么？你的身体感觉如何？它让你产生什么样的幻想？

在觉察之后，你就可以使用“如何用正念中断争吵、怨恨和愤怒”这章中提到的“命名”和“标记”的方法了。你只需简单地说出这种感觉是什么，如“我在生气，我很生气”、“我受到了伤害”或者“我感到非常内疚，这是内疚的感觉”等。尽你所能，先觉察感受，再开始对话。当你把注意力集中在原始的感觉上而不是在人或局势上时，觉察你的身体会感受到什么。

把正念带进日常

我们所做的一切都可以变成正念练习。你可以从现在开始，每天选择一个任务来有意识地进行正念练习，任务可以是吃饭、洗澡、开车上班、刷牙、打扫房子等。请尽你所能，把时刻的觉察带入手头的任务中，将注意力集中在任务的每个动作或每个方面。

觉察你的大脑是否开始思考其他事情，如果是，就简单地把它带回你的任务中。觉察完全活在当下的感觉，觉察思绪漂移的感觉。这项练习就像做一个正念的俯卧撑：思绪飘走就像身体下卧贴近地面，把思绪带回到手头的任务就像把身体推回上撑的位置。请了解，每次思绪漂移和回归时，你都在强化自己的正念。

用爱重新联结

“爱会怎么办呢”是我用来缓和困难局势的一种问法。在平静的时刻，这种问法也很有帮助。当你和伴侣在一起时，问问自己：“在这种情况下，爱会怎么办？”爱可能会伸出手臂拥抱你的伴侣，可能会握住他的手，可能会提供援助或建议，也可能会要求你深入倾听。爱的倾听不是为了解决问题，而是为了与你的伴侣同调并活在当下。

请觉察这种做法带给你的感受。你对爱的举动有任何抵触吗？如果有，想想为什么。无论爱要求你做什么，请记住要带着正念和敬重去做。

偷点时间，巩固练习

我尝试每天都在日程表上安排一点正念时间。如果没有时间冥想，我会利用通勤、排队、在医生办公室等候或者等待电话接通等碎片时间进行练习。这些从前被浪费的生命时刻可以成为练习正念的黄金机会。我们练习正念的次数越多，就越习惯于关闭自动驾驶模式，为自己和伴侣活在当下。当然，我们总能找到借口不去练习。这些练习旨在让正念变得容易，但你必须主动选择去做。简言之，你必须“想要这样做”。

The Practice of Love

Break Old Patterns,
Rebuild Trust, and
Create a Connection
That Lasts

第二张练习清单 探索自我

“你的内在小孩还好吗”

记住，你是踢打和尖叫的孩子，也是带着同情心搂着那个孩子的人。你是评判和攻击的人，也是宽恕并为攻击赎罪的人。

——保罗·费里尼

《奇迹课程》资深讲师、畅销书作者

莉兹的脸颊泛红，背挺得直直的。我关于家庭作业的问题没有让她感到尴尬，她是在生气："对，我觉察到自己特别想和伴侣发生关系，这不是什么新鲜事。我还觉察到约翰没有做任何功课！"

"不是这样的，莉兹。我做了功课，我觉察到了自己的想法和感受。"

"真的吗？"莉兹反驳道，"我觉察到你这周根本没有主动找我，一次也没有！"

约翰平静地回答："你也没有找我，亲爱的。"

"我不想成为那个总是主动的人，约翰。我希望这回你能主动。我想被亲吻，不是像被哥哥亲吻那样，不是在脸颊上轻啄一下，我想被热烈地亲吻！我简直觉得自己不可能拥有真正的性生活。"

莉兹和约翰都是聪明、善良、慷慨的人，他们有着有趣的事业和丰富的社交生活。更重要的是，他们真诚地为自己和彼此的关系努力。在我们的第一次访谈中，莉兹这样描述约翰："他鹤立鸡群。"她很幸运能找到自己的"潜力股"。对约翰而言，他似乎不仅爱莉兹，而且对她有着坚贞不渝的敬重。在一起 4 年后，他们之间的玩笑仍然亲密俏皮。然而，当两人前来咨询的主要问题，也就是性生活这个话题出现时，这对爱侣之间的温情开始消退。两年来，他们的性生活频率一直稳步下降。现在，性生活只会在假期或醉酒时才有。

前一周，我给他们布置了家庭作业，要求他们在第一张练习清单的指导下做正念练习，觉察自己是否会对对方产生的任何关于性的想法或感觉。在这个过程中，除非他们愿意，否则不必根据自己的感受采取行动。然后，他们可以觉察身体更加亲密的时刻，这可能包括在沙发上或在床上牵手或拥抱。我想让莉兹和约翰觉察彼此触摸时出现的感觉：是否有任何障碍或者想要离开？如果感觉足够安全，他们能否克服身体上的障碍，利用这些微小的时刻重新建立联结？最重要的是，我想知道他们对这项家庭作业的反应，他们真的会照做吗？

莉兹转向约翰："我想知道我对你是否还有吸引力。如果还有，请告诉我。"她的声音越来越大，"请说出来！如果你不想和我在一起了，或者你不想再要性生活了，你只需要告诉我，我需要知道我面对的是什么！"

约翰的表情呆滞。当他说话时，不是朝着我或莉兹，而是朝着自己交叠在腿上的双手。他的声音很轻柔，与莉兹形成鲜明的对比。约翰谨慎地选择着自己的措辞："不是的，我不是同性恋。我当然被你吸引。我和你一样，也非常希望我们关系中的这一部分能回到从前。"

莉兹瞪着约翰低垂的头："如果这是真的，你打算怎么做？我想知道你的计划是什么，我已经厌倦了作为唯一一个对我们不再亲密这件事感到担忧的人，我们关系的这一部分已经死了！另外，你能看着我吗？"

约翰没有回答，而是缩在椅子上。

重要的不仅仅是来访者在咨询室里说了什么或没说什么，我接受过的专业训练使我能够利用共情来解读来访者的能量。约翰看起来是一个成年人，在他的职业生涯中，他是一名医生，也是一名领导者，几乎每天都在做着生死攸关的决定。但现在，约翰是一个正等着被父母禁足的小男孩。

“约翰，当莉兹这样跟你说话时，你感觉如何？”我问。

约翰没有抬头，他回答：“我觉得很糟。她有这种感觉令我很难过。我想解决这个问题，希望我们都更好受。”他仍然低着头，眼睛向莉兹的方向瞟去，想看她是否同意。

莉兹叹了口气：“我不想这样对他。”

“怎样对他？”我问。

“就这样，你瞧瞧，”她示意约翰的方向，“他看起来像一个被教训的孩子。”

“也许他是。”

虽然来访者或伴侣的自我诊断很有说服力，并且对于我了解时间线和背景来说也非常重要，但通常导致他们来访的显性问题根本不是真正的问题。真正的问题隐藏在表面之下，很少有治疗师谈论，这个问题其实是关于我们如何“呈现”。我说的呈现，是指当事情变得棘手时，我们性格的哪一面会呈现出来。

我们并不是揽镜自照时所见的单一有机体。事实上，一个人由不同的“亚人格”或自我部分组成，它们有各自的信仰、经历、动机、欲望和叙事。如果任由它们各行其是，这些自我部分将分别根据自己的意志说话、行动和做出决定。要找到一段关系中问题的根源，我们必须先理解我们向伴侣呈现的自我部分，特别是当我们感到最脆弱时呈现的自我部分。

05

识别自我的三种角色

我仍在学习爱自己不被人看好的那些自我部分。

——鲁迪·弗朗西斯科

演员

俄罗斯套娃可以很好地代表我们的自我部分。乍一看，套娃似乎是一个单一的木制雕像，但当我们打开它时，可以看见里面隐藏着许多尺寸渐小的木制雕像。据说，套娃代表了俄罗斯种族中的母亲和母系氏族在家庭中的重要性。套娃也被认为是生命的象征，因为它向我们展示了一个人身上的许多面孔、信仰、经历和自我。和这个备受欢迎的俄罗斯纪念品一样，我们也有许多自我的组成部分隐藏在看似单一的存在中。

当我第一次向来访者解释自我部分时，他们常常感到困惑。最初的反应通常是："但我只是我自己啊！"对此，我会说："是的，你就是你，但有不同版本的你。我的工作是帮助你尽可能多地了解它们。"

当我们的自我部分发生变化时，一个自我部分的意识会取代另一个，从而改变我们的观点和思维方式。这种转变是自然发生的，它取决于我们遇到的人、所处的地点或当时的情形。但由于我们大部分时间都处于自动驾驶模式，所以转变通常都被忽视了。

为了对自我部分有一个清晰的认识，请思考你在工作时的自我部分。当你执行与工作相关的任务时，个性中会呈现出一种特定的自我部分。仔细想想，你工作时的自我部分可能有一种独特的感觉，也许甚至有一种特定的思维方式。如果你特别擅长自己的工作，在工作中得到认可和赞赏，那么你这一部分的自我大概是相当自信和自如的。也许可以说，你的这一自我部分以一种特定的方式在世上存在，这种方式可能与你生活中的其他自我部分不同。现在，将你工作中的自我部分与你同家人在一起时的自我部分放在一起比较，你可能会注意到，不同版本的你之间存在着令人惊讶的差异。

当我指出来访者马克不同自我部分之间的不一致时，他说："哇，你是对的！我和家人在一起时呈现的自我部分绝不可能存在于我的工作中，而我的家人也永远不会容忍我成为在工作中的那个人。"马克在华尔街从事金融工作，那里有着众所周知的残酷环境。为了在工作中生存，马克必须找到能在那个世界中存活下来的自我部分。他将工作中的自我描述为"不择手段的一个我"。"在我的办公室里，几乎没有犯错或脆弱的余地。"马克第一次意识到不同自我部分之间的差异，他笑着说，"我以前从未想过这个问题，但我的确是两个完全不同的人。我的同事们永远不会相信我面对家人时是怎样软弱。"

对于有些人来说，同时拥有不同的自我部分可能会令人不知所措，甚至会引起恐惧。有些来访者怀疑我在暗示他们患有多重人格或分离性身份识别障碍，其中后者曾被称为多重人格障碍。需要指出的是，多重人格和我们的不同的自我部分之间存在着显著差异。多重人格是一种精神疾病，源于与身体、情感或性虐待相关的重大童年创伤。多重人格的患者在经历不同人格的自我时，这些自我之间严重的分离会带来感知破坏以及记忆崩溃或所谓的分离性遗忘症，患者会产生超出正常健忘范畴的时间丧失和记忆丧失。

有人认为，我们的自我部分只是不断变化的情绪痕迹。然而，纵观心理学的浩瀚历史，心理学理论工作者发现，亚人格的概念可以有效帮助我们理解心智。早在弗洛伊德的本我、自我和超我以及荣格的情结理论中，亚人格的概念就被用来说明心智如何处理我们的经验了。在荣格的著作中，心智不是单一的，而是由彼此独立行动的亚人格组成的有机体。格式塔疗法、交流分析疗法和认知行为疗法等治疗模式也使用类似的结构来描述我们的内心过程。著名治疗师维吉尼亚·萨提亚（Virginia Satir）常说，我们所有人的内心都有一个内部的“部分派对”。与自我部分相关的最新疗法是理查德·施瓦茨（Richard Schwatz）的内在家庭系统疗法（internal family system，IFS）。在施瓦茨的模型中，我们的自我部分被以系统视角进行检视，我们个人被视为一个自我部分相互关联的内在家庭。可以说，各个流派的新老专家都认为我们拥有自我部分。我的目的不在于向你授予心理学研究生的学位，而在于让你更好地理解自我部分，了解它们是如何影响你与伴侣联结的能力的。

请花一点时间思考你的不同方面。思考时不仅要注意你在工作和家庭中呈现的一面，还要注意你在社交场合中呈现的一面。在欢乐时光呈现出来的是你内心中的外向者还是内向者？面对争论，你会呈现出哪一面，是想要回避逃跑还是想要战斗？在你与他人的关系中，你最常展现哪一面，是开放、有爱心、富有同情心的一面，还是因为爱的暴露表现出自我封闭和防御的一面？

流行文化想要让我们相信爱是由彩虹和独角兽组成的，但任何感受过爱之刺痛的人都知道真相。了解爱的暴露本质后你就会发现，爱会吞噬我们，让我们感到破碎、流血，并导致我们的多个自我部分被激活。在著作《无所畏惧》（*Daring Greatly*）中，布琳·布朗①描述了人们在敞开心扉时可能感受到的脆弱。

我将脆弱定义为不确定性、风险和情绪暴露。带着这个定义，让我们来思考一下爱。每天醒来，爱一个可能爱我们，也可能不爱我们的人。他的安全我们无法确保，他可能留在我们的生活中，也可能在没有通知的情况下离去，他可能忠于我们，直至我们死去，也可能明天就背叛我们，这就是脆弱。爱是不确定的、有很大的风险的。爱一个人会让我们在情感上暴露。是的，这很可怕，是的，我们可能会受到伤害，但你能想象一种不去爱或不被爱的生活吗？[12]

好吧，布朗女士，如果你这么说的话，是的，我能想象。世界似乎有一种不寻常的残酷幽默感。你看，爱不仅使我们自我补偿后的成人的自我部分暴露在脆弱中，更使我们最深、最陈旧的伤口暴露。我想不出还有什么能像浪漫关系一样暴露我们的核心伤口。更重要的是，我们实际上在主动寻找爱，我们有一种与生俱来的疗愈童年创伤的迫切需要[13]。我们寻找自己所熟悉的爱，并被其吸引，那通常是我们从父母那里得到的那种爱。无论好坏，无论是联结的或拒绝的、温柔的或恶毒的，我们都会寻找自己熟悉的东西，这种无意识的自我疗愈的欲望让我们所有人将受伤的自我部分暴露出来，并使其成为浪漫关系的前沿和核心。为了应对这种暴露，我们的保护者部分会为受伤的自己奋起而战。

这是伴侣们面临的所有问题表象下的动力机制。每个内在小孩都在寻求

① 美国最具影响力的女性之一，广受欢迎的TED演讲者，畅销书作家。其著作《脆弱的力量》从脆弱、羞耻感的角度探讨爱，给超过1 400万人带来了心灵的震撼。这本书的中文简体字版已由湛庐引进，由浙江人民出版社于2014年出版。——编者注

疗愈，同时他们的防御部分也在为安全而战。在这一背景下，让我们来看看内在小孩、保护者和内在批评者这几个主要的自我部分分别有着怎样的动机、发挥着怎样的作用。

内在小孩

出生时，我们不仅赤裸、脆弱，还带着问题而来：我安全吗？我被爱吗？我足够好吗？我重要吗？……在婴儿时期，我们不知疲倦地以非语言的方式提出这些问题。在长大和成熟的过程中，我们继续无意识地向父母、家人、亲戚以及我们所在的社群提出这些问题。这些问题让我们了解世界和自己在其中所处的位置。当其中一个问题没有得到肯定的回答时，当我们的经历告诉我们实际上自己并不安全、没有被爱、不够好，甚至无关紧要时，我们就会遭受重大的心灵创伤。如果这种经历持续发生并（或）造成严重损害，我们的心灵就会分裂并形成人格的一个方面，即内在小孩。

内在小孩既弱小又痛苦，它可能是单个部分，也可能是多个自我部分的组合。它在我们年少的创伤之火中锻造，在受伤的那一刻被冻结在时光隧道中。当内在小孩接管意识的控制权时，我们会感到无助，变得幼稚、不知所措。

在我接受正式的治疗师培训之前，有一天早上，我在深度睡眠和清醒之间的朦胧里接触到了自己的内在小孩，7 岁时的记忆一闪而过。记忆中，我坐在校车的前排座位上，就在司机的右手边。我的母亲站在校车的台阶上，我只能看到她的头顶，但她的声音非常清晰，其他孩子都沉默地听着。对于父母而言，进入校车的情况并不常见，对着司机约翰逊太太大喊大叫的情况就更少见了，但这正是我母亲在做的事。我听见她说：“他得和同龄的孩子坐在前面，而不是和那些坏家伙一起坐在后面！他们打他，我无法忍受！如果你有问题就来找我，我会处理的，但他不能再被放到后面去了！他们比他大 2 倍，他们没有权利这样对待他，他只是一个小男孩！”

车门关上，妈妈走了，校车也安静了下来。约翰逊太太低头看着我说：“坐到后面去。”校车里爆发出欢呼声和哄笑声。我拒绝了她的命令，就在这个时候，她的一个亲信抓住我的衣领，把我拖到校车的地板上，随后又把我拎起来摔到一个空座位上。

“真没用！”20 多年后，在半梦半醒之中，我躺在那里低声说。多年来，我曾有过多次这样的回忆，并且总是得出同样的结论。我想着自己怎么会这么可怜，随后感到一阵羞耻。

内在小孩拥有我们内心的秘密，这些秘密往往充满羞耻。无论我们将过去的创伤标记为大写还是小写都没有区别。如果我们得到的信息是我们不安全、我们不被爱、我们不够好、我们不重要……我们不会责怪父母；相反，这种责备会反弹到我们自身，巩固自我内心的信念：我已经破碎了。我们将破碎体会为羞耻。约翰·布拉德肖（John Bradshaw）在他的书《治愈束缚你的耻辱》（*Healing the Shame That Binds You*）中完美地解释了“内在小孩”的羞耻体验：“羞耻掩盖了我们关于自我最深的秘密。它体现了我们的一种信念，即我们本质上是有缺陷的。我们感觉太糟了，不敢面对它或面对我们自己，更不敢告诉任何人。”[14]

我们通常不会在成年生活中认为自己是孩子，我们不想感到软弱、无助或缺乏保护。然而，内在小孩就像一个陈年的伤口，“天气不好时”会发作。在某种程度上，我们已经习惯了这种不适。疼痛掩藏在表象之下，有人触碰时才会显露。比方说，在 6 岁的时候，你的父母在情感上或物理上抛弃了你。根据这个理论，你就有一个受伤的 6 岁自我部分困在被遗弃的经历中了。只要一想到伴侣会离开你或以某种方式背叛你，这一部分就会被触发。当这个受伤的自我部分拥有控制权时，你可能会感到无助和脆弱，你对伴侣的依恋可能会感到不稳定、不安全，你可能会感到嫉妒或担心伴侣在这段关系中不像你那样投入，也就是担心你爱他胜过他爱你。无论催化剂是什么，内在小孩都会站起来警告潜在的危险，发出需要采取防御措施的信号。通常，拥有与内在小孩相关的感觉时，我们会寻求庇护，召唤我们其他自我部分，比如内心的保护者或内在批评者。不幸的是，这些防御措施很少让我们拥有开放的心灵、思想。当采取对抗措施时，我们的内在小孩被推到一边，被放逐，在我们潜意识的阴影中痛苦着。童年创伤重演，又一次没有得到处理和疗愈。

当面对莉兹和约翰的性生活障碍时，我们看到了一个内在小孩如何呈现自己的典型例子。在咨询访谈中，约翰，一个成年男子，转化成了等待被父母禁足的小男孩。事实上，莉兹当时也这么说过。我想说的是，在那一刻，以及其他类似的时刻，约翰被困在了年幼的、受伤的自我部分里。

约翰的母亲是施虐者，她每天都对孩子们大发雷霆，有时还会动手。在我这个临床治疗师看来，这有点符合边缘型人格障碍（Borderline Personality Disorder，BPD）[①] 的特点。约翰说，母亲肯定会被触怒，问题只是何时被触怒而已。所以，他小心翼翼，试图安抚施虐者。当这不起作用时，他会一动不动，蜷缩自己，等待风暴过去。约翰开始害怕对抗，尤其是与生活中的女性对抗，他不惜一切代价地避免对抗。现在，约翰的伤口被带进了他的婚

① 一种以情绪调节困难为特征的疾病。患有BPD的人会强烈地感受到情绪，且持续时间较长，在情绪触发后很难回到稳定的基线状态。这种困难可能导致冲动行为、自我形象不佳、人际关系不稳定以及对压力因素的强烈情绪反应，还可能导致自残等危险行为。

姻。他害怕触怒母亲，害怕总让女人失望，这种恐惧正在他与莉兹的卧室里上演。当莉兹对他性生活方面的冷淡感到沮丧和愤怒时，约翰会回到他曾经蜷缩、静止和安抚的策略中去。莉兹的愤怒触发了约翰的内在小孩，同时触发的还有负责保护自身免受更多痛苦的自我部分。不幸的是，约翰的这些方面都无法满足妻子对亲密关系的需求。

对约翰来说，“我安全吗？”这个问题从来没有得到过肯定的回答。因此，这对伴侣的心理动力让他们为自己的关系生活而战，他们陷入了一场由受伤的自我部分和防御的自我部分共同参与的无意识的舞蹈中。

保护者

内在小孩在我们早期的创伤中形成，保护者则在保护自我免受进一步痛苦的需求中诞生。在从孩子到成人的成长过程中，我们发现了自主权和一些保护自己的能力，并通过形成保护者来实现上述需求。

我们的保护者听取了内在小孩的警告，并认识到我们一些最基本的需求从未得到过满足，而保护者的工作，同时也是存在的唯一目的就是保护我们的内在小孩。保护者就像一个我们可能永远不会有的、充满保护欲的兄长或姐姐。当我们和周围的世界被证明是不安全的时，他会介入，说：“够了！这个孩子已经受够了，我们不会再忍受了！”保护者能够划定界限。他可能会说“不”，或者留下一个不舒服甚至危险的局面。无论面对怎样的威胁，保护者都会像忠实的保镖一样，跳到我们的内在小孩面前挽救大局。虽然保护者在我们的生活中扮演着重要的角色，但如果不加以管理，它保护我们心灵的努力反而可能会阻碍我们与他人的联结能力。

在莉兹和约翰的案例中，我们看到他们二人的保护者都来拯救内在小孩，结果却成功扼杀了二人之间的沟通，使他们的性生活障碍到了几乎不可能得到解决的地步。在他们的咨询访谈中，约翰的保护者徒劳地尝试安抚莉兹，想要避免激怒她，但他越是试图通过安抚策略来防御，莉兹就越愤怒。约翰无意中向莉兹传达了一个信息：她的感受并不重要。这个信息让莉兹想起了她童年的创伤。

莉兹年幼的时候，父母长期压抑着她的感受。每当她表达的观点超出家庭规范时，她的感受就会立即被否定。莉兹的父母对她聪慧和质疑精神不感兴趣，他们忽视她，阻止她，惩罚她，排斥她……因此，莉兹接收到了一种认为感受无关紧要的信息。为了应对这种持续的创伤性遭遇，莉兹身上发生了两件事。首先，莉兹的一部分人格分裂出来，成为内在小孩。其次，随着莉兹年龄的增长开始自性化①，一个可以保护内在小孩的保护者出现了。莉兹的保护者可以为她而战，这正是她的这一自我部分在与约翰的关系中所做的。莉兹会大喊、尖叫和发号施令，只差没有摇晃着约翰让他承认自己的重要性。不幸的是，她的愤怒正是约翰的施虐者母亲的回声，并不能帮助她实现与丈夫在情感和身体上联结的愿望。

保护者的类型

你的保护者会采用多种策略来保护你的安全。一些保护者会利用控制来微观管理你的生活和生活中的人。这类保护者试图通过追求完美来避免脆弱。我们在那些被认为是A型人格②的人身上能看到这一点。他们试图创造完美的家庭、完美的关系，或者试图成为完美的伴侣。这是一种孜孜不倦、

① 指个体逐渐认识和接受自己的内在特点和需求。

② 富于进取心、攻击性、自信心、追求高成就并且容易紧张的性格类型。——编者注

永无止境地通过难以企及的完美来追求安全的做法。这种类型的保护者也可能试图管理伴侣的感受而忽视自己的感受。这个策略的观点是，只要其他人都没事，我就会没事。

还有一些保护者会通过消费来保护我们。这种保护部分呈现在各种形式的成瘾现象中。无论是通过酒精、食物、金钱、购物、游戏还是性，这个自我部分想要做的是麻醉内在小孩的痛苦。它的目的是通过使我们麻木来拯救我们脆弱的心灵。

德温有一个深爱他的忠诚伴侣，但是他无法拒绝与其他女性发生性关系。德温没有任由自己变成一个出轨者，他来向我咨询。事实证明，德温被一个让他觉得自己永远不够好的父亲和一个因另一个女人而离开他的前妻深深地伤害了。德温的内在小孩认为爱和联结是危险的事。为了保护内在小孩，德温的保护者利用性消费将他与女性的关系保持在浅层。

另一个更常见的保护者策略是情绪绕过。当我们认为一些情绪问题太难或太激烈而无法面对时，情绪绕过是一种以转移注意力的方式来回避未解决问题的方法。绕过可能有多种面孔，例如没有感情的知识分子、小丑、被动的侵略者、愤怒的战士等。

曾经有一位名叫萨姆的来访者利用她对心理学的了解和兴趣来绕过内在小孩的巨大痛苦和忧郁。她称自己的保护部分为“教授”，并理性地表达了对父母和自己成长经历的感受。她的父母都患有抑郁症，无法给予她幼年时天然渴望的那种爱和关注。萨姆学习心理学不仅是为了理解父母的经历，更是为了理解她自己的经历，这成为她处理困难情绪的主要方式。“教授”使得萨姆通过诊断推理绕过自己的感受，最终使她难以与自己或伴侣建立深厚的联结。

另一位来访者承认，当事情变得紧张时，他会利用幽默绕过自己的感受。在谈到自己的妻子时，他说："我会用和她开玩笑的方式来回避我的感受，避免争吵。我不想让我们的家变得像我童年时那样。"而他的妻子却抱怨说，没有任何事情被他认真对待，甚至对性也如此："我会穿着性感走进我们的卧室，表达自己的渴望，而他不会好好回应我。"

我有一个保护者，我的妻子喜欢称之为"米奇"。米奇利用愤怒来绕过我内心的伤口。我母亲 15 岁时生下了我，在赤贫的生活中，世人往往冷漠可怕。我曾经被教练、老师，其他成年人和孩子欺凌，但我没有崩溃，反而在内心深处找到了一个魁梧的保镖，他擅长一件事，那就是保护我和我所爱的人。愤怒的保护者是一种常见的策略，尤其是对于社会中的男性而言。对于我们中的许多人来说，有一种深刻而持久的恐惧，即如果表现出自己的脆弱，我们就不再具有男子气概。但愤怒之下隐藏着一口巨大的痛苦之井，它以一个内在小孩的面孔出现，这个孩子渴望知道自己是安全的和被爱的。

而另一类被我称为"奖杯猎人"的保护者生活在对闪亮新事物的追求之中。他沉迷于新鲜体验带来的多巴胺迷雾，无论是对于成就还是对于身边的人，这类保护者都把他们置于显眼的展示架上，永远不愿进入亲密和脆弱的深处。一位名叫凯尔的来访者在伴侣说出"我爱你"并给予承诺之后突然停止满足伴侣身体和情感的需求。虽然凯尔自称深爱她，甚至娶了她，但一旦伴侣给予承诺，她的光彩就消失了。她成为另一座已经赢得的奖杯，因而凯尔停止了对这段关系的滋养。与德温的保护者不同，凯尔不会追求其他女人，而是转而追求其他爱好和工作事务，这些在凯尔看来比滋养他与妻子的联结更重要。

还有一类保护者是被我的一个来访者称为"伊约尔"的自我部分。这位来访者在他的童年和成年生活中经历了丧失之痛。伊约尔的保护不像"米奇”那样炽热和易怒，而是沉闷和疏离。自我的这一面渗透到这位来访者的关系中，让他的妻子感觉就像迎面被泼冷水，冷水浇向其妻子对乐趣、亲密关系和所有亲昵的恳求。这位保护者通常的表达是“为什么要费这个劲”或“这有什么意义”。这部分与心理学术语中所谓的受虐型核心冲突（masochistic core conflict）或忍耐型人格的类型（endurer character style）密切相关。这是一个通过说“不”来“获胜”的保护者，即使对可能于其有益的情况和经历也是如此。除悲剧之外，这类保护者诞生的根源还可能在于专横的父母，可能是一人，也可能是两人。这类人群的意志和选择经常被夺走，而现在他通过说“不”找到了力量。这种防御策略实际上是试图向世界说“去你的”，但它最终还是会变成对自己的攻击。发现伴侣有这类保护者的来访者说，他永远无法直接提出新事物。相反，他必须说服伴侣“这件事”实际上是伴侣自己的想法。从本质上讲，这一内在的自我部分认为希望是危险的，并尽其所能保护内在小孩免于进一步的失望。

内在批评者

我们的保护者试图让我们停留在一个“情绪化的香格里拉”中，即一个不存在羞耻、恐惧和悲伤的地方。在这里，内在小孩被充分隔离在阴影里，在某种程度上免受伤害。正如你所见，保护者以许多不同的样貌出现，然而，有一个保护者的策略如此不同，以至于它拥有自己的类别，这就是内在的批评者，它是唯一真正袭击自我的保护者。

每个人都讨厌自己内在的批评者。当我提到批评者时，人们会纷纷表达“我讨厌那样的自己”“我希望自己能完全摆脱那一面”等。批评者的目标是保护我们的安全，但它通过一种有害的叙事来实现这一目标，这种叙事通常涉及羞耻、内疚、自我憎恨和自我贬低，还有可能涉及精神或情感上的自我鞭挞。这部分自我本质上是在说："待在家里，锁上门窗，低下头。这个世界很危险，你不适合它。不要去赴那个约会，不要指望需求会得到满足，甚至不要想着寻求深刻的爱和联结。"

虽然这看起来与直觉相悖，但我希望我的来访者能倾听他们内心的批评的声音，并熟悉批评者的策略。我问他们："你内在批评者的声音听起来最像谁？"通常，批评者的声音是父母或某个特定的人的声音，那个人让他们感到不安全、不被爱、不够好，或者在早年让他们感到自己不重要。用心理学术语来表述，这也被称为一种"内投射"（introjection）。内投射的是虐待或忽视他们的父母的一部分，而这部分已经被孩子无意识地吸收到自我中。无论是内投射也好，内在批评者也好，都拥有着认为我们不够好的父母的观点和意见，并将我们过去遭受的虐待带入到现在。

丹抱怨的主要问题是他的女朋友杰西太消极了。"她总是对自己失望，尤其是对自己的身体失望。我喜欢她的样子，但她仍旧不断贬低自己，接着贬低我，然后贬低我们的关系。这种情况一直在发生，而且通常都是按照这个顺序发生。"丹进一步说，他爱杰西爱得很艰难，因为她很少允许丹的爱进入自己内心。当我向杰西询问一些基本问题时，她停了下来："我被爱了吗？"她在思考我的询问时眼里充满了泪水。人们在我的咨询室里哭泣的原因有很多，其中最主要的原因之一是真相。当触及真相时，我们的神经系统会做出反应，我们的身体会释放被压抑的能量。杰西认为自己不可爱。对于她冷酷的完美主义母亲来说，没有什么是足够好的。这个孩子的美丽和善良从来都没有被正视过。杰西家的爱是有条件的。为了匹配母亲对她成绩、身体和体育表现的要求，杰西内心发展出了一种听起来很像她母亲的声音，这种内投射成为她内心的批评者。这一自我部分在她与丹的关系中占了上风：她从来都不够好，配不上丹，也不配被爱。

内在批评者的有害叙事不仅针对一个人，这台故障查找器还能够看到自己接触的几乎每个人和每件事的缺陷，并通过与爱人保持安全距离来确保安全。杰西内心的批评者认为丹不合格：如果丹喜欢杰西，一个有缺陷且不可爱的杰西，那么他必然也有非常大的缺陷。内在批评者对潜在伴侣持有的理念是："我不想成为任何愿意接纳我的团体中的一员。"对于杰西，内在批评者引发了一个永无止境的自我破坏循环，并拒绝接受对自我的同情和伴侣的爱。然后，内在批评者再指出他们自尊心低下，无法让爱进入，这进一步成为他们关系破碎的证据。

我们是不同自我部分交织在一起的复杂组合，每个自我部分都有自己的信仰、叙事、经历、动机和欲望。正如此前所说，我将主要关注内在小孩、保护者和内在批评者这三个自我部分，但在这项工作中，你可能会觉察到你的其他自我部分。有一个自我部分会出现在你生活的所有不同方面。在第一张练习清单的指导下，你可以暂停大脑的自动驾驶模式。从更具正念和觉察的地方出发，了解你的自我部分，了解这些自我部分对你的关系和生活会产生的深远影响。

06

为什么识别自我对关系如此重要

你的任务不是寻求爱，而是寻求和找到你自己设置的所有与之对抗的障碍。

——鲁米

古波斯著名诗人和神秘主义者

在新一轮访谈开始时，约翰问我："你能给我们推荐一个本地的优秀性治疗师吗？"

"我很乐意给你们列一些名字，但如果你们愿意听的话，其实我对这个问题有一些想法。"

他们犹豫了一下，相互点头表示同意，好像他们做出了一个不愿再回想的艰难决定。莉兹和约翰认为他们在我这里治疗是有帮助的，但还需要采取一些更激烈的措施。作为治疗师，我们永远都不想夺走来访者的自主性。在职业生涯中，《道德经》的智慧常常带给我帮助。格雷格·约翰逊和罗恩·库尔茨在他们的著作《〈道德经〉与心理治疗》(*Grace Unfolding: Psychotherapy in the Spirit of the Tao-te ching*）一书中解释说，如果来访者想要的东西和治疗师提供的东西不一致，治疗师必须让来访者自由地在其他地方寻求他们想要的东西：没有责备，没有内疚，没有挽留他们以帮助自己成长为更好治疗师的需求。[15] 来访者必须成为自己疗愈的原动力。我希望我的来访者能够明白，他们可以根据他们的需要来去自如，一切由他们决定。然而，支持他们的自主性与要求他们在治疗工作变得困难时进行更深入的挖掘和探索，这二者之间存在着微妙的平衡。有时你需要为来访者而战，特别是在你能看到有些工作待完成而他们看不到的情况下。

在回答他们关于性治疗师的询问时，我说："说实话，我其实不知道性治疗师能给你们多少帮助，我认为起作用的是其他因素。我的看法是，你们无法在卧室里进行联结是另一个问题的症状，这个问题也是你们沟通如此困难的根源。"两人的肢体语言告诉我，他们正在等待我的最后揭秘。真正的问题是你们每个人是如何呈现自我的。

当玫瑰色眼镜被摘掉时

许多著作者和研究人员认为，关系是分阶段展开的。他们用以下发展过程来解释许多伴侣面临的摩擦及不和。首先是蜜月阶段，当你的大脑中充满了多巴胺时，你相信自己的爱人是完美无缺的。然后，会有几种中间阶段，在不同的书中它们被赋予了一些语焉不详的名称，诸如现实阶段、危机阶段、工作阶段等，还有我最喜欢的"失望阶段"。除了少数例外，这些阶段据说都会涉及挫折、不稳定和恐惧。如果成功穿越了中间阶段的汹涌波涛，你们可能会进入承诺阶段，此时你显然已经略带保留地接受了伴侣，接受了你们的关系。

我们的关系发展水平中存在某种固有的无奈。研究人员试图将这种无奈归于我们人类关系的运行方式，就好像这样能将扰动和痛苦正常化。描绘这些阶段的著作者和研究者尚未意识到的是我们的自我部分在浪漫关系所遇到的困难中起的作用。在我看来，无论在哪个阶段，当关系恶化时，我们的自我部分都是问题的根源。

大脑在新恋情中的多巴胺爆炸是不可持续的，这是事实。最终，我们摘掉了玫瑰色的眼镜，不可避免地发现自己“踩到狗屎”，我们犯错，感到受伤。一段关系的中间阶段偏离了轨道，对此更好的解释是，我们的内在小孩被触发了，过去的痛苦涌现了出来，我们的保护者突然出现并接管了局面。竖起高墙，隔离自我，我们为捍卫心灵安全而绝望地战斗。这个过程发生在表象之下，而且大多是无意识的。它伪装在伴侣们面临的典型问题中，如果不加控制，这些问题会变得致命。或早或晚，我们都将习惯于这种战斗的交流方式。有些人可能不确定第一个出现的问题是什么，有些人则无法忘记。作为一名与伴侣合作多年的临床治疗师，我认为重点应该放在当事情变得困难时我们如何呈现自我。

我们在困难时期经常呈现的自我部分是自我保护和受伤的一面。不幸的是，我们的这些自我部分无法同情、共情或理解。当我们处于受伤的自我部分或防御的自我部分时，我们相信这就是自己。我们被锁在那个隔间里，通过一个被恐惧和压抑染色的镜头看世界。我们很少或根本没有展现其他自我部分的经验，能使用的只有基于恐惧的那些自我部分所拥有的技能和能力，这大大阻碍了我们建立以心为本的联结进程。

联结根本不是内在小孩和保护者拥有的技能。事实上，为了保证我们的安全，这些自我部分被设计成完全相反的样子。进化心理学家罗伯特·库兹班（Robert Kurzban）说，大脑像是一个分区的、模块化的、用于解决问题的有机体，类似于智能手机或瑞士军刀。用库兹班的例子来说，如果想建立一段充满爱的关系，我们必须确保自身处于具有这种能力的应用程序中。如果用瑞士军刀来比喻，可以说，我们不能指望用开瓶器切割绳索。不幸的是，这正是伴侣们试图通过受伤的或防御的自我部分建立联结时所做的事情。

我不是在任何一段浪漫关系中领悟到自我部分的重要性及其在生活中的作用的，我是在执照考试的过程中认识到它们的，这是一条更迂回的路径。婚姻和家庭治疗全国考试是由 200 个问题组成的标准化考试，其挑战性众所周知。尽管我有三年的研究生学习经历、近 2 000 个面对面的咨询时长，以及数不清的团体和个人咨询督导时长，在模拟考试中，我还是屡次失败。如果这些模拟考试有任何预示作用，那么它们可能意味着我很难获得执照。

在我的脑海中，这些出题人可能是一群性格阴暗、留着卷曲胡子的人，他们露出恶魔般的笑容，也可能是一群穿着白大褂的、冷酷的临床医生。无论外表如何，他们的意图在我看来总是消极的。

虽然这不是关于浪漫关系的案例，但这次考试让我亲身体验到当错误的自我部分被触发时我们会变得多么分裂。它非常好地说明了错误的自我部分如何使我们失去技能，如何导致我们无法获得生活中所需的能力。

从过往的经验来看，我是一个糟糕的应试者，尤其在标准化考试中。我对标准化考试持有一种观点：问题完全不公平，答案荒谬，主要的设计目的是诱导失败。随着考试的临近，由于对自己的职业和财务前途感到不确定，我变得很沮丧。我无法理解自己的表现为何会如此糟糕。我曾一直处于班级的顶尖水平，研究生阶段的 GPA[①] 为 3.98。我勤于阅读，勤于参加讲座和撰

① 美国大学评估学生学术水平的重要参考。一些综合实力较强的学校对GPA要求更高，名校往往期待学生有3.5（满分4.0）以上的GPA。——编者注

写论文。我熟悉专业知识，但是我学到的信息在哪里？我敢肯定，它们在我的大脑中，但究竟在大脑中的哪里呢？

一天下午，我又气又怕地坐着，几乎瘫倒在办公桌上。此时我开始思考正念，思考自我部分，思考我在临床实习期间与来访者一起做的工作……我一直要求来访者用正念觉察自己在人际关系和生活中的困难时期所呈现的自我部分，这对我有用吗？那一刻，我停下来，吸了一口气。我使用了正念，开始关注自己的感受和想法，我意识到考试让我感到多么害怕和无力。我对邪恶卑鄙的出题人感到愤怒。从见证者的立场，我开始明白，我所感受到的恐惧属于过去，它来自我的内在小孩。小时候，我不是一个优秀的学生。对我来说，在学业上表现良好完全是成年之后才有的经历，因此这些被划分到了我的成人的自我部分中。通过正念视角，我还看到，我的愤怒来自保护者的表达，他恰逢其时地出现了，保护着那个害怕的内在小孩免于因失败而变得脆弱。这时我突然想到，无论是我的内在小孩还是我的保护者，他们都不曾在研究生院待过 1 分钟，也从未和来访者坐在一起。就像库兹班举的智能手机的例子，我被分成了几个自我部分，而我现在所需的信息就在我大脑的另一个自我部分中，在另一个应用程序中。如果我能找到努力学习过、上过课、曾和来访者坐在一起的自我部分，我就能摆脱脆弱。

我跳起来，又吸了一口气，走到衣柜前，穿上了通常接待来访者时穿的衣服，随后我坐在客厅的椅子上，假装与来访者进行了对话。我想象着自己坐在咨询室里与来访者面对面时的感觉。我大声地向想象中的来访者提出问题并自行解答。这样做的时候，我内心的一些东西开始改变。突然间，我不再生气和害怕了。我感到自信，就像我与来访者坐在一起时那样。当我确定自己内心的某些东西发生了变化时，我站了起来，走到办公桌前。我走得很慢、很小心，以免破坏大脑中运转的任何东西。当我重读考试中未答对的题目时，奇迹发生了。以前我只看到旨在将我带入歧途的骗术，而现在问题就像面包屑一样主动引导着我找到答案。我感觉自己像《心灵捕手》(*Good Will Hunting*)中的威尔一样，是一个非典型的天才，能够解开他人无法解开的方程式。我的大脑处于正确的“应用程序”中，它已经转换进入了拥有我所需的信息和经验的那一个自我部分和心灵隔间。我当时就明白了这种做法对我治疗工作的影响，我知道这种经历将成为我现在工作的支柱，帮助我指导伴侣们建立持久、健康和快乐的关系。

正如我在执照考试中经历的一样，浪漫关系中伴侣错误的自我部分也会被触发，他们会进入难以拥有爱、同情心、理解和共情的那些自我部分。他们会被锁在心灵的隔间里，与拥有联结能力的那些自我部分隔绝。这种自我部分的变化极大地影响了人际关系的各个方面，包括最重要的方面，也就是我们的沟通能力。

让健康的自我部分去沟通

黛比努力保持冷静，她问丈夫：“你为什么要给拉里钱？”

“什么？”皮特问。

“我什么都知道，我和会计师谈过了！”

“好吧，”皮特说，“我不想大吵一架，我们可以按照治疗师告诉我们的方式来交谈吗？”

“好，好，”黛比吸了一口气，集中注意力，试图找到他们在治疗中学到的语言，“当你不诚实时，我感到难过。”

皮特配合着她的努力，机械地说：“我理解我的不诚实会让你不好受。当你轻蔑地对待我、把我逼到墙角、试图哄骗我撒谎时，我的感情受到了伤害。”

黛比点了点头，看起来像是同意，随后她说：“嗯，这么容易就能哄骗你撒谎，这让我很难过，因为你就是个说谎的混蛋！”

皮特结结巴巴地说：“这不是……你不能这么做。治疗师说你不能评判我。”

“这不是评判，这只是一个事实。”

在重获镇静之后，皮特说：“说得对，有时我会隐瞒真相，这是真的。但这只是因为你的反应太大了，太疯狂了，我吓坏了。”

黛比反驳道：“你就是个不诚实的混蛋，这伤害了我的感情，让我很痛苦！你借给你父亲钱不告诉我，你的唱片公司马上就要破产了，我们的房子都快没了！”

黛比和皮特不是我的来访者，但在我职业生涯的某一段，可能也有过这样的来访者。这是莱斯利·曼恩（Leslie Mann）和保罗·路德（Paul Rudd）主演的电影《四十而惑》（*This Is Forty*）中的一个场景。第一次看到那个场景时，我惊呆了。剧本对一对挣扎于沟通策略的伴侣描述得如此精准，以至于我相信电影的编剧贾德·阿帕图（Judd Apatow）一定是在治疗师的办公室里学会了这种笨拙的沟通手段，而它在现实生活中的使用会难以避免地引导人们走向失败。

伴侣们总是告诉我他们有沟通问题。我的回答直截了当：“我不认为这是真的，事实上，你能说出你有沟通问题就代表沟通得很好。”这些伴侣拥有的是自我部分的问题。自我部分极大地影响了他们的沟通能力，涉及带有情绪的话题时更是如此。沟通问题是伴侣们感到不快乐或不满足的主要原因。

由于沟通对伴侣而言不可或缺，人们会认为一定有一种治疗技术能够满足这种需求。然而，还没有一种足够有效的方法能将沟通从导致关系失败的清单中剔除。

非暴力沟通、积极倾听和其他类似的沟通策略已经被开发出来，挣扎的伴侣可以在情绪高涨时运用它们。这些技巧中的每一种都要求伴侣先倾听，使用第一人称陈述法进行表达，或者以非评判性的方式谈论他们所听到的内容。所有这些技巧都被证明非常有效，我对此很清楚，我已经在与来访者的交流中和我自己的生活中使用了其中大部分技巧。然而事实是，只有当每个人都处于最佳状态并遵守规则时，这些技巧才有效。如果一方或双方都无法遵守或不会遵守规则，会发生什么呢？

当情绪高涨时，伴侣们有一种颇为滑稽的不遵守规则的方式。来访者结束咨询时，他们深信自己已经获得了成功推进艰难谈话所需的技巧。《四十而惑》中的场景就属于滑稽的范畴，因为它很真实。一旦离开了安全的治疗师办公室，就没有人可以充当裁判，也没有人可以给出指示。在通常情况下，伴侣们在面对难以承受的情绪时技能会难以施展和应用。当他们的保护者接管时，沟通技巧会荡然无存，或者正如我们在黛比和皮特身上看到的那样，他们将技巧本身变成了武器。

在心理学界，我们在伴侣沟通方面犯了本末倒置的错误。多年来，治疗师们已经创建并练习了许多旨在黏合伴侣的技巧和方法。尽管这些治疗师的意图可能很好，但他们没有考虑到呈现在对话中的是谁，这点至关重要。知道此时呈现的是什么自我部分，这必须成为首要的考虑因素。

如果进入对话的是来访者受伤的、批评的或防御的自我部分，你无法要求其使用第一人称陈述法，无法要求其带着同情心或不带评判性地倾听。当这些自我部分中的一方接管我们的意识时，我们会以戒备的视角看待每个人和每件事。通过这个视角，整个世界和世界中的人只能被视为危险的。我们缩小的情感工具箱限制了我们在这个大脑隔间中可用的技能。这让我想起了之前提到的智能手机。我们根本没有能力从受伤和充满防备的地方出发进行联结并让我们的伴侣感受到被倾听和被理解。

我用一张文氏图（见图 6-1）来说明这个想法。图中一个圆圈代表伴侣中的一方，中间橄榄形区域表示对话或互动。想象一下，你所有的自我部分都在一个圆圈里：你的工作自我、家庭自我和社会自我，以及你的保护者、批评者和内在小孩。你伴侣的自我部分占据了对面的圆圈。随着互动的开始，你和你伴侣的自我部分被激活了。当内在小孩感到受伤或看到进一步受伤的可能性时，批评者或保护者就会进入共有区域，试图拯救内在小孩。在这一点上，大脑已经分隔开。对话或互动中的自我部分要么是熟练的保护者，要么是不知如何建立联结的内在小孩。他们缺乏进行倾听、表达同情或共情的能力。只要这些自我部分在对话或互动过程中存在，你与你的伴侣进行沟通或联结就几乎是不可能做到的事。

这个例子说明了为什么目前的沟通方法不够好，不能满足现代伴侣的需求。只有当我们受伤和保护的自我部分退到一旁、让更多均衡的自我部分接管时，才能实现良好的沟通。

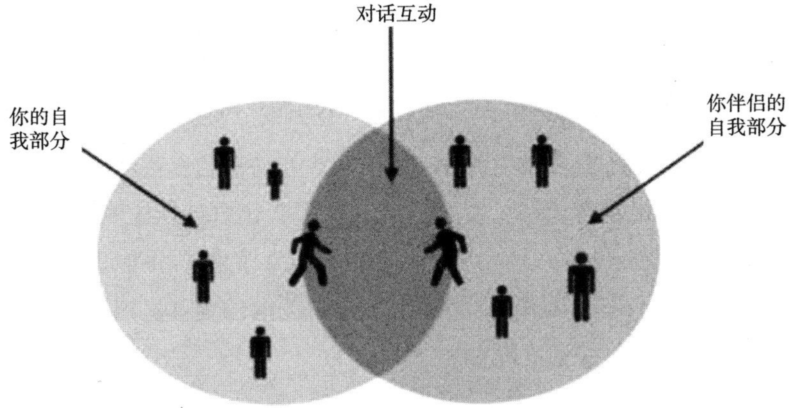

图 6-1　文氏图

健康与智慧的自我部分是我们透过爱的视角，透过善良、仁慈和慷慨看到的自我部分。当健康的自我部分出现时，我们可以持开放的态度倾听，我们能够对自己的所作所为负责。这一自我部分能够自我调节，具有自我意识，是积极、主动的和富有情感智慧的。因此，自我的这一面是用于联结沟通的正确的“应用程序”。确保通过这一自我部分进行表达是伴侣沟通的第一步，也是最重要的一步。我们将在后面的“如何在关系中安放自我”这章介绍如何找到健康的自我部分。现在，了解我们的自我部分对于健康的沟通以及建立以心为本的联结有多么重要就足够了。

大多数伴侣犯的最大错误

众所周知，伴侣之间的沟通可以退化得相当快。我常常能看到这样的变化，因为做了什么或说了什么，看上去相爱并具有情感智慧的两个人可能会突然间退化到了互相伤害和防御的状态。除对自我部分毫无觉察以及不知其如何呈现之外，大多数伴侣犯的最大错误其实是他们无法接受自己不同意的想法。

接受你赞同的想法很容易，但当伴侣表达了你所质疑的想法时，困难就来了。卡尔·罗杰斯（Carl Rogers）是美国历史上最具影响力的心理学家之一，也是人本主义心理学运动的创始人。罗杰斯以来访者为中心的治疗理念彻底改变了整个行业。在他看来，我们很少允许自己真正理解他人，因为理解是一项天然的冒险活动。罗杰斯说：“如果我让自己真正理解另一个人，我可能会因为这种理解而改变。我们都害怕改变。因此，正如我所说，允许自己理解一个人，带着共情力彻底、完整地进入他的参考框架，并不是一件容易的事，也不是一件常见的事。”[16]

萨拉和马特因为一件看似普通的事情开始了伴侣咨询。在两人的重要日子，马特接了一个工作电话，留下萨拉独自一人坐在一家浪漫餐厅等他。这次经历只是让萨拉感到自己比不过工作、感到自己非常不重要的众多经历之一。在访谈中，萨拉和马特讲述了许多颇具感染力的故事，细数了对方的错误。从我的角度出发，双方的观点我都能了解到，毕竟电话必须被接听，而萨拉确实感到被抛弃了，并且是又一次。然而，两人争论的东西实际上是无关紧要的，尽管目前使他们中的任何一个相信这点都很困难。真正至关重要的是每个人的感受。治疗师的工作不是选择赢家或输家，不是判断伴侣中的一方是对的，另一方是错的。如果有胜利者，那么也必然会有失败者。对于所有相关人员来说，包括治疗师在内，这都是一个失败的情况。治疗师的工作是帮助伴侣们找到理解彼此的方式，帮助他们对彼此的经历赋予同情心和共情力。萨拉和马特犯了大多数伴侣会犯的最大的错误，他们不能也不会接受对方的感受，因为这样做风险太大。

此时此刻，我想我知道你在想什么，是的，在某些时候确实存在一方错一方对的情况：干净的房子肯定比脏乱的好，酒后驾车显然是不行的，尖叫、辱骂或撒谎都太过分了……但并不是说每种情况都能清晰地被划分为友善与否。当我们停止为正确而战并将伴侣的感受放在首位时，也可以达到关系上的平衡。在内心深处，我们希望伴侣能为我们，而不是为眼下的话题辩护。我们的感受和体验比胜利更重要。我们在感到被理解之前，很难全心全意地放下戒备，展露脆弱的一面。

对于大多数伴侣来说，问题可能会变换，而对话最终会沿着同样的道路结束，这就像一丸难以下咽的苦药。然而，真相是，事实并不重要，重要的是伴侣的感受。如果我们只谈论事实，就像是在说，这里有一些很好的理由能解释你为什么不应该产生这样的感受，或者你说的话为什么并不重要。当我们倾向于关注事实，而不是我们所爱之人的感受时，我们发出的信息是：

我们更关心正确与否，而不是你的心。这更会使他感到不被理解，最终感到不被爱。

当困在基于恐惧的自我部分时，我们不会花太多时间去考虑别人的立场，这太危险了。我们的保护者或批评者知道，如果我们停下来思考，并认为对方可能有道理，就有可能改变，正如罗杰斯所指出的那样，我们害怕改变。由于这种恐惧，我们不会“带着共情力彻底、完整地进入对方的参考框架”。[17]

学会接受我们不同意的想法或感觉的唯一方法就是正念地呈现具有这种能力的自我部分。通过更健康、更智慧的自我部分，我们可以倾听自己不喜欢的事，可以倾听不同意的观点，至少可以认可我们所爱的人正在经历的感受。从这个角度出发，我们可以承认他受到了伤害，承认即使不是出于本心，我们也的确伤害了他。

接下来就引出了关于意图的问题。事实证明，当我们的言语或行为产生的感受与意图完全相反时，认可就变得更加困难。一对伴侣除非深陷于怨恨与不和，否则很少有意伤害彼此。虽然你的伴侣可能会说受到了伤害，但因为你从未想过伤害他，就会激烈地争辩说什么他的痛苦是不合理的。当我们的意图完全相反时，如果有任何人因为我们的言行受伤，都似乎让我们难以理解。

萨拉和马特不需要评估谁对谁错，他们只需要共同创造一个空间，在这里他们的体验都是真实的。在这里，萨拉可以看到她的丈夫那天晚上并没有办法做“正确”的选择，而马特可以理解，尽管他的意图是好的，但他的妻子确实感到遭受了抛弃。

当我指导马特如何呈现出他开放和充满爱心的自我部分时，他说：“从这一自我部分来看，我可以理解她的观点。我现在完全明白了，我总是为了工作置她于不顾，没有人喜欢这样。在面对工作时我的边界感不够好，而她应该得到比这更好的。”马特还说道，“当离开我的好战者的自我部分时，我还注意到，就像你说的，实际上并不需要观点一致才能拥有共情力。当她受伤时，无论我们的分歧是什么，我都需要让她知道我关心的是她受到的伤害，而不是试图证明她错了。”

大多数时候，当一个人转向更开放和更具爱心的自我部分时，伴侣之间便开始变得柔和。当萨拉看到马特的转变时，她也开始变得柔和：“我确实经常觉得自己不如他的工作重要。但是，我应该说，我知道他的处境艰难，那天晚上尤其如此。我本可以更努力地看到这一点的。”

当能够启动暂停并摆脱噪声时，我们可以有意识地将自己拉回到更具智慧的自我部分中来。从这个更有益的角度出发，我们对自己和关系中的动力会有更清晰的认识。我们不再陷入内在批评者的评判、保护者的战术或内在小孩的痛苦中，而有机会第一次通过我们健康、成熟的自我视角去观察，这时谁受到了伤害以及什么需要我们关注都显而易见。在这一点上，很多人会问，我相信你也会问的问题是：当觉察了自我部分以及我们在人际关系中的呈现方式之后，怎样从一个自我部分转换到另一个自我部分？

07

如何在关系中安放自我

任何问题都不能从制造问题的同一意识层面来解决。

——爱因斯坦

对话内在小孩

在咨询访谈的前一天晚上，莉兹主动找约翰提出了性生活的要求。他们共赴约会，度过了愉快的时光。美酒作伴，两人的沟通进展良好。回到家后，莉兹希望通过与丈夫做爱来结束这个夜晚。约翰感觉到了她的期望，羞怯地走向她。这时莉兹突然觉得沮丧和愤怒。与往常不同的是，她没有发泄情绪，而是停下来，背对着约翰睡了。

莉兹和约翰进行了全面的身体检查，排除了常见的生理原因。两人都没有出现疼痛、性唤起障碍、性欲或性高潮障碍等任何性功能障碍。莉兹和约翰面临的是有关自我部分的问题。两人互相影响，从内在小孩到保护者，不断循环。当莉兹想要性生活时，约翰因感觉到她强大的成人需求而触发了自己的内在小孩。由于害怕自己“会做错”，约翰变得顺从。他被动的、孩子般的态度让莉兹感到被抛弃，她感觉自己不够重要，约翰也不够努力，不能如她所说的“更像个男人”。

和我参加资格考试的经历类似，莉兹和约翰也处在错误的应用程序中。他们被划分到了无法获得必要的知识、经验和能力来建立性关系的隔间里。他们成年的、健康的自我部分，那些可以敞开心扉地接受身体联结、接受脆弱的自我部分没有发挥作用。更糟糕的是，无论是莉兹还是约翰，两人都让这种互动方式成为了习惯。通过一遍遍地以相同的方式对彼此做出反应，他们加强了断裂的、糟糕的沟通和怨恨的循环。正如我在“为什么正念对伴侣如此重要”这章中所解释的赫布定律，同时激发的神经元连在一起。像许多伴侣一样，莉兹和约翰正在持续加强着这种不断循环的大脑模式。

“莉兹，你能告诉我现在在场的是你的哪一个或哪几个自我部分吗？”

“好吧，我猜应该是我愤怒的保护者吧。我感到生气，感到自己受了伤害，感到自己不重要……但这些都不是什么新鲜事了。”

“这些是你和约翰在卧室时呈现的部分。我希望你闭上眼睛，做一次深呼吸。”莉兹照做了。“你在想些什么？感觉到了什么？”

“我想我们永远无法搞定这件事，他不够努力，这让我很生气。如果他更爱我，他应该可以做到。”

“你的身体感觉到了什么？”我问道。

当你问人们他们感觉到了什么时，他们通常会告诉你自己在想什么，但情绪存在于身体中而非头脑里。治疗师常问的老掉牙问题“这让你感觉怎么样”是不足以让人们进入情绪并处理它的。我使用脉轮[①]系统（chakra system）作为指引，帮助来访者在身体系统中绘制他们的感受。情绪在身体中的位置能够告诉我来访者正在经历什么，并且有助于我接受他们的内在体

① 又称“三脉七轮”，是源于印度瑜伽的知识。在瑜伽学看来，三条经脉和七个能量中心组成了我们身体的能量系统。——编者注

验。安诺迪亚·朱迪恩（Anodea Judith）是脉轮整合和治疗领域的权威。在《东方身体和西方心智》（*Eastern Body, Western Mind*）一书中，朱迪斯提出，当所谓的负面情绪未被承认时，它们会阻止我们前进。如果我们承认这些负面的情绪并探究它们存在的原因，就能更深入地了解自己。[18] 例如，如果有人说他们感觉到喉咙或"喉轮"（throat chakra）中有能量或压力时，就表明有些事情需要被说出来或被传递。如果他们的心脏中有能量或压力，通常表明心痛或悲伤未被处理。如果他们感到腹部或"能量中心"有能量或压力，通常表明他们感到内疚、羞耻或无能为力。

莉兹回答说："我感到紧张。"

"哪里紧张？"

"心脏和肚子。"

一体会到身体的感觉，莉兹就哭了起来。她体会到了悲伤。这种悲伤不仅源于与约翰的关系，也源于内在小孩。从这个角度来看，莉兹心口的紧张来自因缺乏母爱而感到的心碎，而她腹部被困住的情绪是她感到无力改变这种状况而产生的无助感。这些情绪体验和她现在与约翰相处时正在体验的情绪是相呼应的。

"莉兹，如果可以的话，我希望你能想象一下你愤怒的保护者。你能告诉我她现在的样子吗？"

"这事听起来很古怪。我不知道自己是否喜欢这么做。"

我回答："我理解。一开始可能会觉得古怪，但如果你能和我一起坚持下去，我认为你的感觉很快就会好一些。"

"她站在高处，充满了蔑视。她的头发乱糟糟的，衣服也破烂不堪。她什么都不在乎！"

"听起来她真的经历了很多，"我说道。

莉兹的脸变得柔和了："是的，她经历了很多。她一直都那么坚强。"莉兹闭上眼睛，泪水从眼角流了出来，约翰递给她纸巾。

我继续引导着："莉兹，你能不能告诉你愤怒的保护者她有多么坚强，并感谢她所做的出色工作呢？"

莉兹沉默地感谢着自己内在的勇士，随后她点了点头，示意我任务完成了。

"很好。现在你可以请她退居二线、由你来掌控一切吗？告诉她像现在这样下去行不通，对你和你内在的那个小女孩都不好。让她知道她总是受欢迎的，在你的生活中她总有一席之地和一份作用。如果你需要保护，你会求助于她，但她不能继续在你的关系中做决定了。"

听了我的指示，莉兹又安静了下来，然后她打破了沉默："我看到了你一直谈论的那个小女孩，她在这里。"

"她多大？"我问。

莉兹含泪笑着回答："8 岁或者 9 岁。她穿着那件我非常喜欢的紫色夹克。我还记得那件衣服，我想穿着睡觉，但我妈说那样太热。"

"你对那个小女孩有什么感觉？"

"我为她难过。没人在乎她的想法和感受，她还要经历很多那样的岁月……我又开始生气了。"

"你的保护者回来了。你能请她给我们一点空间吗？告诉她我们可以自己处理。"莉兹点了点头。"那个小女孩，她在干什么？"

"她在看着我。她很高兴我在这里，但她在想我什么时候会再次离开她，我什么时候会抛弃她。"莉兹开始大哭，胸口剧烈起伏。约翰轻抚她的背，抚摸充满了爱意和温柔，同时也带着从容和自信。

"莉兹，你能告诉那个小女孩你再也不会离开她了吗？你能告诉她你明白她有多难吗？请告诉她你爱她，她对你很重要。"

莉兹双手紧握在胸前，肩膀开始前后摇摆。"莉兹，我注意到你的身体在晃动，发生了什么？”

“我在摇晃她。”

当莉兹睁开眼睛时，约翰不再躲在沙发里被动接受安抚者的保护了。莉兹看到了她成年的、当下的丈夫。莉兹和约翰之间的能量发生了巨大的变化。

我指出，正因为莉兹积极地处理了自己愤怒的防御的自我部分，约翰拥有了自己的成年自我。如果莉兹能够正念地觉察自己的呈现方式，她的情绪就不会触发约翰的创伤。这并不意味着莉兹永远不能对约翰生气。这种做法提供了一种让莉兹表达自己感受的新方式。在第一张练习清单的指导下，莉兹开始表达自己的感受，而不是通过自我部分来表达。当感到受伤或不满意时，莉兹会与自己正在发言的那一自我部分进行沟通。这将成为这对伴侣之间非常重要的体验。

在接下来的几次咨询中，我让约翰重复了莉兹经历的上述过程。约翰甚至给自己的保护者取了一个名字。他感谢了自己的保护者，并告诉他，内心那个小男孩不再处于危险之中。他告诉保护者，风暴已经过去，莉兹不是他的母亲。他请求保护者隐退，让成年的约翰来主导。当约翰的保护者退出后，他能够接触到自己内心受伤的小男孩。当我问约翰他的内在小孩部分感觉如何时，他说：“她来了，那孩子知道她来了，他很害怕。”约翰的膝盖贴近胸口，手臂环抱住膝盖。我感觉到他正在进入内在小孩的自我部分中，就让他坚定地留住成年人的自我部分。约翰照做了，回到了正常的坐姿。

“约翰，我希望你与内心的小男孩进行接触。”

约翰将他的内在小孩描述为一个大约 8 岁、虚弱瘦小的邋遢男孩。我鼓励约翰以他现在的身份，也就是充满爱意的成熟男人身份与内在小孩进行交流。

约翰说：“我知道你有多害怕。我知道你经历的事有多糟糕，但那已经过去了。我在这里，我会尽自己最大的努力不让任何事情再发生在你身上。我为你感到骄傲，你是如此坚强，你一直为你的兄弟姐妹而坚强，你真的很努力。”

约翰后来告诉我，在此之前，他私下里曾憎恨内在小孩，他为那个担惊受怕的小男孩感到尴尬和羞愧。而现在，他只能感受到对内心的男孩的爱和钦佩。

找到智慧自我的三步法

莉兹和约翰把在咨询中学到的技能运用到了他们日常生活的练习中，这也是我在对伴侣或个人进行咨询时倡导的。这些技能包括正念暂停、命名呈现的自我部分、找到健康的自我部分、与保护者和（或）内在批评者协商，最后再度抚育内在小孩。起初，人们看到这些可能会感到不知所措，但我和我的来访者都能证明，这个过程只需要花几次深呼吸的时间就能完成。此外，对双方都积极加入的伴侣来说，这种做法可以成为他们交流和互动的基石。当伴侣们花费时间和精力选择如何呈现自我部分时，他们为培植善意、同情心、共情和敬重创造了肥沃的土壤。

以下是分解后的步骤，你可以使用它来确保你以最具联结性的自我部分呈现在关系中。请尽可能掌握这些步骤，它们在接下来的“爱的自我练习”这章中非常重要。

第一步：正念

我们在第一张练习清单中介绍过这一步骤。然而，正念是一个值得重复的主题。这一步骤的原则是在任何触动情绪的对话、性关系、约会之前，或者在你想要与伴侣好好相处的任何情境中，都要停下来进行正念暂停。当我们有意识地使用正念关注自己的思想和感受时，就会了解自己的内在世界。这需要一定的耐心和减慢速度的意愿，在情绪高涨的情况下更是如此。正念意识不仅有助于调节神经系统、关闭我们的下意识反应，还能提示我们哪些内在部分是在场的，思想和感受是我们在各种情境下呈现出来的自我部分的重要指征。因此，正念是改变关系的第一步。

第二步：命名

正如“如何用正念中断争吵、怨恨和愤怒”这章所述，命名鼓励我们陈述或命名关于自己的真相。如果你生气、渴望战斗，或迫切寻找最近的出口逃跑和躲藏，那么你很可能处于保护者状态。如果对自己或他人产生挑剔或贬低的想法，你很可能正处于内在批评者状态。如果你害怕、感觉脆弱甚至崩溃，你可能处于内在小孩的自我部分中。虽然这些自我部分的感觉都不是特别好，但它们确实为我们提供了命名自己所存在的自我部分的机会。当命名某一自我部分时，我们就不再是这个自我部分。这种方式的命名或记录解开了我们大脑的隔间，使我们能够从受伤的自我部分或保护的自我部分中解脱出来，允许健康的自我部分主持大局。当我们进行内部检视时，仅仅是命名这个举动，就开启了自我部分分离的过程，并且命名还具有邀请健康、智慧的自我部分或内在的见证者出场的附加效果。戴维·施瓦茨（David Schwartz）认为在我们伤口和防御措施之下存在着一个自我部分，一旦我们的伤口和防御者被命名，它就会自动出现。就像我之前提到的，健康的自我部分是天生的领袖，它通过爱心、同情和善意的视角来看待事物。

我鼓励莉兹和约翰在每次尝试亲热之前找到他们健康的自我部分。通过保持正念并命名他们的自我部分，莉兹和约翰学会了与他们受伤的和防御的自我部分分离。通过这种练习，他们改变了自己的动力，以完全不同的心态进入性体验中。莉兹防御、愤怒的一面被置于一边后，约翰也不再被激发进入受伤的小男孩状态，那是他的一个害怕、不安全、没有性欲的自我部分。有了他们成年的自我部分在场，这对夫妇的性生活将会转变成一种充满爱和联结的经历，但这样的状态需要通过一些协商才能实现。

第三步：协商和再抚育

与我们防御及受伤的自我部分进行协商和对其进行再抚育是改变我们在关系中呈现方式的重要一步。无论是性、沟通还是与伴侣的日常互动，都与这些自我部分的协商至关重要，但这一步经常被忽略。当正确地命名自我部分并与之分离，重获健康的自我部分时，我们都会感觉更好。从健康的自我部分出发，我们开始从一个更具情感智慧的新角度看待我们的关系。就像帆被风吹动，我们往往被迫在关系动力中过快地前进，然而这样的结果是我们会被防御或受伤部分的策略所颠覆。IFS 疗法的一个核心主题是，你必须与自我部分协商。如果这一步被省略，你将被自我部分困扰，你可能已经取得的任何进展也都将被付之东流。[19]

从充满智慧的自我部分出发，我们可以与其他自我部分谈判。正如在莉兹和约翰的咨询中那样，你必须面对你的保护者说："我看到了你，看到你为保护我而努力的样子。你一直是一位非常出色的保护者和朋友，但我需要你退后一步。我需要与你所保护的内在小孩交流。我需要打开我的心，去爱和被爱。你在这里总会有事可做，如果需要的话，我会召唤你，但是你不能再主导局面了。"

如果这样的语言不适合你或者不符合你的个性，你可以根据自己的情况调整。协商的重点在于认可保护者试图完成的工作并请求其退后，获得接触内在小孩的机会。在“爱的自我练习”这章的练习部分，我会详细介绍协商过程。就目前而言，重要的是要对你的意图和协商对话有一个基本的了解。

当讨论再抚育我们的内在小孩时，我想起了释一行禅师的教导：“要照顾自己，我们就必须回去照顾我们的内在小孩。你必须每天练习回到内在小孩身边。你必须像一个大哥哥或大姐姐一样温柔地拥抱他。你必须跟他说话……告诉他你认识到他的存在，并且会尽一切努力治愈他的伤口。”[20]

每当回想起乘坐校车的经历时，我都会摆脱这个记忆并转向其他事情，这会让我的内在小孩被困在那个瞬间的炼狱中。现在，我眼中 7 岁时的自己不再是一个软弱可怜的孩子，说他“真没用”令人震惊且难以想象。为什么会有人这样对待一个孩子呢?

我强迫自己停留在那个羞耻的孩子的形象上。在梦一般的状态下，我从我现在称之为智慧的自我部分或健康的自我部分的角度看到了他。我想象着成年的我抱着他、爱着他。我对他说：“嘿，一切都会好起来的。那些事都过去了，我保证我会尽我所能，再也不让这种情况发生。我非常抱歉说过你没用。你这些年一直很坚强，我非常爱你。”

布拉德肖在他的书中进一步讨论了感到羞耻的内在小孩的问题，提出当我们揭示自己的羞耻感时，就向爱和接受敞开了心扉，意识到自己并不完全是糟糕的。当我们“冒险让别人来审视我们”[21]的时候，我们的羞耻感就消散了。我向“别人”，也就是智慧的自我部分展示了我的羞耻感。

接纳自己的内在小孩使我经历了深刻的改变。几十年来，我一直在欺负和羞辱着那个孩子，说他没用。我当时已经 29 岁了，离掌握任何有关部分心理学的知识还有几年的时间。现在，多年之后，我可以说，从那以后那个记忆再也没有浮现过。我现在明白，自己当时所做的正是现在我给来访者所做治疗的一个版本。我无意识地抚育了内在小孩，可以说，是将分裂的自我部分重新融合在了一起。

我们再抚育的目的是给予内在小孩他们没有得到的东西，也就是卡尔·罗杰斯所说的“无条件的积极关注”。罗杰斯提出，我们都在寻找无条件的积极关注，即被爱和不被评判地接受的感觉。从更善良、更具智慧的自我部分出发，我们可以告诉自己的内在小孩，他被爱着，他是安全的，他很重要。我们还可以告诉他，在成年人的爱情关系中，他没有责任，他可以去别的地方玩耍。我们的目标是让防御者和内在小孩都能够让步，但要以一种充满爱意和小心谨慎的方式来做到这一点。

成功的协商和再抚育意味着我们可以自由地从智慧的自我部分出发，与伴侣建立联结。这项工作强化了智慧的自我部分，让我们切身体会到处于权威和自信位置时的感觉。一旦进入智慧的自我状态，我们被其他自我部分以令人难以抗拒的强烈需求所控制的可能性就会变小。我们不再只在受伤的状态下做出反应，而是在均衡协调的状态下从内心有意识地做出选择。

尽管如此，我们的内在小孩、保护者或内在批评者还没有永远消失，我们只是重新调整了平衡，使权力更倾向于健康的自我部分。有时候，来访者会感到沮丧，因为即使他们进行了努力和协商，这些自我部分仍然会出现并接管意识的控制权。对此，我想说的是，我们仍然是人类。我们会被触发，我们会受到伤害，我们的自我部分也会试图做他们生来要做的事情。虽然我们现在更擅长处理那些有问题的自我部分，但不成熟或不具联结性的自我部分仍会时不时地接管我们的意识，即使我们尽最大的努力，他们也不愿放弃控制。这就是叛乱。

叛乱的解决之道

当一个自我部分拒绝退下并拒绝让健康的自我部分接管时，叛乱就会发生。当你倾尽全力进行协商、防御，但受伤的自我部分仍不让步时，叛乱就发生了。尽管意图充满爱意、善良和理解，但你很可能感受不到这些。你可能会易怒或冷漠、挑剔或想要评判、害怕或崩溃……所有这些都是自我部分不肯转变的标志。在对我们的意识充满敌意的占领中，这些自我部分一意孤行。我们可能会突然感到沮丧，并认为练习不起作用，或者至少不适合我们。通常，叛乱的发生是因为我们的某个自我部分不相信情况已经安全到可以放弃对意识的掌控权。不要担心，叛乱并不意味着练习过程不起作用或者你有什么特别的缺陷。我们都会不时地经历叛乱，好消息是，当它发生时，我们是有解决之道的。

阻止全面接管的第一步是趋向正念。一旦意识到叛乱正在发生，我们就必须暂停与伴侣的任何互动。可以说，在这些情况下，温和而善意的暂停有助于中止流血，它使我们远离沮丧、怨恨和心痛的老路。例如，我们可以决定现在不进行重要的对话，可以决定不进行身体上的亲密接触……简言之，我们可以选择在智慧的自我部分现身之后再继续互动。暂停行动可以让我们开辟一条新的道路，形成感觉健康、有联结性的新习惯。

当然，我们可能需要与伴侣进行一些协商。我们可以说："现在我的某个自我部分不肯让步，我不想通过这个自我部分和你在一起，我们可以换个时间再试一试吗？"这一层面的意识传递出的信息是，我在场并愿意为我的呈现方式负责，并且我正在努力使我们之间的空间变得安全。

然而，如果推迟交流不太可能，正念将再次发挥巨大作用。如果你和伴侣之间的互动必须继续进行，如果重要谈话难以推迟，那么你必须完全意识到在场的保护者或受伤的自我部分。这种觉察使我们能够监控自己的反应。它实际上是在说，我知道现在呈现的是哪一部分，并且知道我正在通过这个自我部分过滤自己看到和听到的一切。我将尽我所能不通过这个部分做出反应，我也不会相信这个自我部分告诉我的任何事情。这样的正念练习可以使我们避免在自我部分叛乱时对关系造成不必要的伤害。

任何人都能勇敢爱

我又一次想起了莉兹和约翰。虽然他们已经能够开始通过成年自我进行联结，但他们也都遇到了一些反叛部分的困扰，特别是莉兹。与她的保护者进行协商以及再抚育内在小孩只是努力的一个方面，最终的目的是莉兹最终想要的是向约翰敞开心扉，变得开放和勇敢。莉兹想要自由和勇敢地爱约翰，但她害怕这样的自己并不存在，这种恐惧将她压垮了。莉兹担心原生家庭多年的影响已经毁掉了她全心全意去爱的能力。

莉兹说:“莱尔，如果我的这一自我部分不存在，我该怎么办？”我回答说:“让我给你说说杰森·西弗的故事。”

杰森·西弗是我的来访者蒂姆给他的“智慧家长自我”这一自我部分取的名字。杰森·西弗在和孩子们相处时非常冷静，不会屈服于保护者的愤怒或挫败感。蒂姆是因为所谓的“配偶要求”来诊所的。寻求心理治疗的人，大多数动力都来自认识到自身需要治愈，并且可能需要专业人员的支持或洞察力。然而，有些人需要外部干预并被强制要求参加治疗，可能是通过法院要求、雇主要求或配偶要求的形式。除了少数例外，配偶要求是一种明确的指令，意思是："去治疗你的问题、改正你的行为，否则我们就结束了。"在蒂姆的案例中，最初打来电话的是他的妻子。被强制接受治疗的来访者通常是不情愿的，我多年前起就不再愿意为不情愿的来访者进行表演式的治疗。因为在我看来，"伴侣来电"意味着也许他们为之打电话的那个人还没有准备好，我处理所有"伴侣来电"的方式几乎都一样，我说："当你们开始认真对待治疗时，请让你的伴侣给我打电话。"就是在这种情况下，蒂姆紧接着打来了电话，所以我知道他拥有改变的动力。

蒂姆与患有对立违抗性障碍[①]的女儿之间的关系陷入了困境。蒂姆说了和莉兹相似的话，他说："我认为我的那一自我部分不存在。教养这个孩子的自我部分，我仔细想过，我认为我真没有这一面。"

作为治疗师，我们经常遇到这种反抗。这是一种"一切都失去了"的反应。在来访者心中，没有支持，没有资源，也没有赦免。在这种情况下，治疗师需要打破他固化的思维方式。例如，来访者会说："我永远不能告诉任何人这个问题。"我们会说："是的，我理解，但是如果你必须告诉某人，任何人，你会告诉谁？"当答案涌现时，来访者会第一次感受到他有获得资源和支持的可能性。

我向蒂姆施压，要他说出一个人的名字，这个人要能够冷静而富有同情心地教育他女儿。蒂姆出人意料地说道："杰森·西弗。"我期待的是一个他生活中真实接触过的人，一个像是家庭成员、教练或老师那样的榜样，一个

① 对于被诊断为对立违抗性障碍的患者，表现出的症状包括情绪易怒、好辩和抗拒行为、攻击性和报复性行为等，这些症状持续时间超过6个月，并且在家庭或学校中造成重大问题。治疗该障碍的方法包括个体疗法和家庭疗法。

可以作为好父母或在困境中保持理智和情绪韧性的例子。然而，蒂姆指的是20 世纪 80 年代电视剧《成长的烦恼》中由艾伦·锡克（Alan Thicke）饰演的杰森·西弗医生。蒂姆说："西弗医生总是有正确答案，总是知道该说什么。无论问题有多复杂，他都知道该如何对待他的孩子。"其实在我让蒂姆说出一个人的名字时，我是在孤注一掷。所以当答案是一个 20 世纪 80 年代电视剧中的角色时，我依旧会认真对待。此后蒂姆开始经常提到他心中的杰森·西弗。起初，我担心所有这些只是一个大规模的"假装"（acting as if），而这显然并不是最合适的心理建议。当我让蒂姆去探索西弗医生如何处理自己的愤怒和沮丧时，他对女儿的反应慢慢开始发生了变化。有了这一线希望，蒂姆和我制订了一个计划，并将计划告知了他的妻子。在女儿发脾气时，一旦感到自己有一点愤怒的迹象，蒂姆就会让妻子"替补上场"，然后自己走进卧室待 5 分钟。在这 5 分钟里，蒂姆会命名那些冲向意识的自我部分，迅速与他们协商并进行再抚育，也就是要求充满智慧的西弗医生接管。一旦西弗医生到场，他就会解放自己的妻子。蒂姆说，他的妻子对我们使用电视剧中的角色进行治疗有点怀疑，但看到蒂姆终于发生改变时，她感到很欣慰。

蒂姆开始实施我们的计划。随着发怒次数的逐渐减少，家庭关系开始改善。面对艰难的挑战，蒂姆和妻子形成了统一战线。如果一对夫妻拥有对立违抗性障碍的孩子，他们通常会变得对立。在生活的逆境面前，保持伴侣间的团结一致可能很困难，但无论如何，这都是首要的干预措施。

虽然一开始我对我们的试验是否能成功感到怀疑，但当蒂姆开始有效地运用这个方法时，我意识到这不是一场假装的练习。蒂姆对自己孩子的同情心被多年的困难和挣扎遮蔽。他会说："我知道我爱她，但我不确定自己有多喜欢她。"西弗医生的角色为蒂姆提供了一个可以参考的模板，作为自己同情心和共情力的外在参照点。这些情感虽然被掩藏，但它们仍然存在。

我有一种直觉，莉兹和蒂姆一样，具有坦率而勇敢地爱的能力，但在爱约翰之前，莉兹需要先学会爱自己，也许她需要自己的杰森·西弗医生，即一个外部参照点来示范如何同时爱自己和丈夫。在接下来的几周里，莉兹和我一起努力寻找她的外部参照点。最终，她创造了一个对她来说代表了真挚之爱的坚强女性的集合体。这些女性包括她最喜欢的作家玛雅·安吉洛（Maya Angelou）、格伦农·多伊尔（Glennon Doyle）、谢丽尔·斯特雷德（Cheryl Strayed）和布琳·布朗。这些女性不仅经历过挣扎，还找到了自爱和爱周围人的能力。通过阅读她们的故事，莉兹开始允许自己去爱内心的小女孩。

我不喜欢那种把像人类心理这样复杂的东西描述成简单故事的书。所以，如果我让人觉得莉兹的转变发生在一夜之间，那是不正确的。莉兹一直在为自己的伴侣、自己和受伤的自我部分付出努力。父母没能给的无条件的积极关注，莉兹能够通过努力给予自己。尽管这是一个艰苦的过程，但她开始感到完整，最终感到自己变得重要了。

因而，“是谁呈现了”应该是我们首先提出的问题。我知道这是一个大胆的说法，但在我的经验中，这是事实。你呈现出来的那一自我部分决定了你生活和关系中的一切。当与伴侣争吵时，你往往是在努力治愈自己的需要。你的伴侣和爱情的脆弱性照亮了自身渴望关注的一面。在某种程度上，指责我们的伴侣或关系本身要容易得多。指责自己并自问“我能做得更好吗”和“我该如何以不同方式呈现”是一种对精神和情感成熟度的锻炼。如果这样做，我们可以将那些触怒我们的事件视为珍贵的线索，指引我们了解自身需要治愈的东西。当我们处于保护或受伤的自我状态时，我们可能会陷入“噪声”之中，陷入“那你呢”或“我没有”的循环中。除了自己，我们无法控制任何人，智慧、健康的自我部分明白这一点。从这个角度，我们可以把注意力集中到我们的自我部分而不是我们的伴侣身上去。现在，我给你一个机会去练习，通过自我部分去看待自己的生活。

在关系中运用正念、命名和协商 / 再抚育这三个步骤，你可以确切地知道是哪个自我部分呈现在关系中，但这项工作并不一定容易。正如我所说，我讨厌将混乱而痛苦的人类经验包装成漂亮、简洁的自助书籍或心理书籍。是的，对自我部分正念、命名、协商和自我再抚育确实有效，它绝对可以为你建立一条通向心之联结的路径，但这项工作必须不断练习，需要通过一遍又一遍的重复重塑大脑的神经回路来创建新的习惯。如果你不练习，大脑的默认自动驾驶程序就会启动，你就会回到旧有的呈现方式中去。

08

爱的自我练习

要温柔，你正在遇到的是你已经与之交战多年的自我部分。

——佚名

命名你的自我部分

命名自我部分时，要明确一点，即不要完全沉浸在任何一个自我部分中，因为这会让我们偏离，忘记我们的任务是发现所有的自我部分。你可以将命名过程想象成一个董事会议、一个团队会议或者一个家庭聚会。无论你脑海中的场景是什么，请花时间觉察每个自我部分，邀请他们来到桌前。你可以想象自我的每个部分都坐在自己的位置上，然后观察每个自我部分的举止。

命名你的保护者

这个练习旨在帮助你了解自己内心的保护者。当你感到受伤、痛苦、脆弱或不安时，保护者就会进入你的关系。通常，这些自我部分会表现为战斗－逃跑反应或“冷冻 / 安抚”反应。你可能已经很清楚你的保护者是如何呈现和使用策略的，然而，做这个练习将帮助你理解不同保护者之间的微妙差别。

第一步，反思。请花些时间反思：你过去面对伴侣是如何进行自我防御的？当你受伤或生气时会发生什么？你脑海中有哪些故事或叙事？受到的痛苦让你想做什么？你在这样做时会涌现哪些情绪？

请在日记中以观察者的身份写下你的答案。例如："她变得愤怒，想要还击。""我注意到他总是想要从房间里逃走。他一心想离开那里，想远离危险。"使用这种第三人称的方式将让你与自我部分及你的体验保持适当距离。我们希望尽力保持这种对自我部分的观察角度。

第二步，确认防御风格。现在请仔细阅读下面关于"斗士""回避者""冷冻者""安抚者""内在批评者"的描述，注意其中是否有一种防御风格与你相匹配。

注意，有些人会对自己的"混合式"战斗风格感到困惑。例如，你是先逃跑，最终开始战斗。实际上，你最终采用的防御策略通常是你偏爱的策略，在此之前你采取的策略都仅仅是因为老套策略行不通才尝试的方法。

斗士

- 他很容易生气吗？
- 他是否会通过提高音量来防御？
- 他是否用言语将伴侣逼入绝境？
- 他是否试图让伴侣感觉自己看起来无关紧要？
- 他是否会迅速使用"极端选项"（提出离婚或分手）？
- 他会嘲笑、辱骂或蔑视伴侣吗？

- 他的身体会变得紧张和僵硬吗？
- 他的心率是否随着脾气的爆发或愤怒的增长而加速？
- 他有复仇的幻想吗？

如果你使用了这些策略中的任何一种，你的保护者部分很可能是一个斗士。斗士永远是“枪已上膛”的状态，专注于攻击策略，并将途中出现的任何人都视为可能的敌人。这一自我部分完全阻断了你的脆弱感受，阻止你的心受到伤害。

回避者

- 他是否会迅速使用“暴力离开”？
- 他是否会关闭情绪？
- 他的大脑是否会漂移到其他地方去等待讨论或争论结束？
- 他是否觉得很难记住伴侣说过的话？
- 他是否倾向于避免令人不舒服的和具有挑战性的话题或对话？
- 他是否避免与伴侣进行眼神接触？

如果你使用了这些策略中的任何一种，你的保护者部分会在精神、情感或身体上逃离现场，巧妙地抛弃你的伴侣，直到风头过去为止。不要将回避者与冷冻者混淆，回避者并不一定会害怕。相反，他是在躲避当下局面带来的不适及其引发的情感。这一自我部分专注于逃跑，他通过不在场来避免你感到脆弱。

冷冻者

- 他害怕自己的伴侣吗？
- 他觉得自己如履薄冰吗？
- 他正在经历解离吗？

- 他的大脑是否进入云层，与当下脱节？
- 他是否感到头晕目眩或迷失方向？
- 他是否将伴侣视为掠食者？
- 他会躺平装死，直到威胁消失为止吗？
- 他的身体会僵住吗？
- 在紧张时，他是否会忘记时间或忘记事情？
- 关于伴侣的行为，他是否对家人和朋友撒谎？
- 他是否经常为伴侣如何对待他寻找借口？

如果你使用了这些策略中的任何一种，你的自卫方式就是冷冻并装死。一个冷冻者的神经系统会关停，直到感到足够安全才会回到现实。冷冻者通常经历过严重的创伤，可能有创伤后应激障碍的症状。如果是这种情况，你必须寻求受过专业训练的治疗师的支持。在没有专业人士监督的情况下与这个受伤的保护者合作，可能会导致你再次受伤。我强烈建议任何保护者属于这一类别的人都去寻求支持。

安抚者

- 他总是试图讲和吗？
- 他是否试图不让伴侣生气或沮丧？
- 他是否不断地把自己的感受放在一边，为伴侣腾出空间？
- 他是否会劝慰或安抚自己的伴侣？

温斯顿·丘吉尔曾说过，安抚者就好像是“喂鳄鱼的人——希望鳄鱼最后把自己吃掉”。安抚者与冷冻者有着密切关联，有时被认为是冷冻者的一个方面。我认为，安抚者是应对专横者或虐待者的一种更积极的反应。如果你的自我防御机制是安抚，那可能是时候考虑与心理治疗师交流了。正如我们之前在约翰的例子中看到的那样，安抚者的防御机制往往出于逃避某种形式的虐待。

内在批评者

- 他会自我贬低吗？
- 他会被动攻击吗？
- 他是否不断指出你或他人的缺陷？
- 他总是负面的吗？
- 他会骂人吗？
- 他会羞辱你吗？
- 他欺负人吗？
- 对他来说，没有什么是足够好的吗？
- 他是否让你内疚，让你做你不想做的事情？

如果你主要通过批评自己或他人来进行防御，你的保护者就是内在批评者。内在批评者不想让你遭受失败、失去、痛苦或他人的评判。为了确保你的安全，他会指出你的缺点以减少暴露于脆弱情境中的风险。如果你感到自信度下降，你就不太可能冒险。这一自我部分通过快人一步指出你的缺点来保护你。他会关注别人的缺陷以保持安全距离。内在批评者通过一种有害的叙事达到其目的。这个保护者可能会以许多不同的面孔出现。问题在于，我们没有觉察到批评者的存在，却相信了他所讲的故事。

第三步，转换视角。现在，你已经了解了自己主要的防御方式以及这一部分的行为方式，让我们花一点时间更深入地了解自我的这一部分。请在你的日记中回答以下关于保护者部分的问题，尽可能地从观察角度或以第三人称回答。

- 他在你生活中的任务是什么？

- 他在保护谁？
- 他最关心的是什么？
- 他正在寻找的积极结果是什么？
- 如果他有名字，那会是什么？

命名你的内在小孩

正如我之前所说的，我们的内在小孩部分被困在创伤中，他是在受伤时被定格的副人格。我们的内在小孩正在寻找他本应得到但未得到的关怀和安慰。让我们使用与前面练习中同样的观察角度来理解你的这一自我部分。

第一步，观察。请留出 30 ～ 40 分钟的时间探索你的内在小孩。找一张你儿时的照片，任何年龄的都可以。如果没有照片，你也可以想象自己孩童时期的一个画面或一段记忆。你可以询问一些基本问题："这个孩子安全吗？""这个孩子被爱过吗？""这个孩子知道自己足够好吗？""这个孩子重要吗？"这些问题中是否有哪一个让你产生某种情绪？如果答案是否定的，可能有一个保护者阻碍了你的感觉。在这种情况下，你只需觉察保护者，感谢他保护你，并请他离开，然后继续完成这个练习。稍后我会详细讨论如何与保护者协商。现在，请从我们前面练习中使用的观察角度出发，观察你的内在小孩并思考上述问题。

第二步，转换视角。哪一个问题最能触动你？起初你可能会感到困惑，但请给点时间让这些问题沉淀进你的意识中。触动你的那个问题便是描述你的内在小孩的正确方式。现在从观察者的第三人称角度对你的内在小孩用下列任意一种方式说出来或写下来："我看到了你，我知道你没有得到安全感。我在这里，现在你是安全的。""我看到了你。我知道你没有得到爱，但现在我在这里，我爱你。”“我看到了你，我知道你从未感到足够好，但对我来说你足够好。”“我看到了你，我知道你感到自己不重要，但我在这里，你对我很重要。”

你的内在小孩所缺失的，正是如今成年的你在爱情关系中所寻找的。你的伴侣也是如此。

心理治疗中有这样一种说法：好的伴侣治疗总会由两位治疗师收尾。在治疗过程中，伴侣中的一方或双方可能会发现自己需要进行个人疗愈。在这种情况下，单独与治疗师配合工作或开始属于自己的疗愈之旅是必要的。亲密关系天然会触发我们受伤和未疗愈的自我部分，选择正视它，它就会为我们提供丰富的机会，使我们更深入地认识和理解自己，同时疗愈需要得到疗愈的部分。

让见证者回归

迈克尔·辛格（Michael Singer）在他的著作《不羁的灵魂》（*The Untethered Soul*）中这样解释内在见证者："观察某物的过程需要主、客两方面的关系。主体被称为‘见证者’，因为它是观察到所发生一切的个体。客体是你所观察到的东西。”[22] 请思考一下，谁是你的见证者？花一点时间回到观察者的位置。在内在见证者或智慧的自我部分所在的地方停留是什么感觉？这是同情、共情和理解的所在之地。

只有当你的保护者、内在批评者或内在小孩被触发时，寻找智慧的自我部分才会成为问题。爱的脆弱性会激发这些错误的自我部分，并在关系中呈现出来。在随后的内容中，你将学习对待保护者、内在批评者和内在小孩的策略。现在，你需要学着觉察自己的保护者。

练习步骤

- 留出一些安静的冥想时间。
- 准备好日记，以便记下任何你想记录的东西。
- 考虑一下你对伴侣的典型感受以及你对这段关系的感受。
- 当你想到伴侣时，你的身体感觉如何？
- 当紧张情绪高涨、压力很大，或感到被伤害时，你的哪个自我部分会呈现出来？
- 觉察你的保护者、内在批评者和内在小孩。
- 觉察见证者。
- 看到这些自我部分的你是谁？

当你回归到作为见证者时，就会感到深沉的宁静。随着你与其他自我部分的解绑，内在的智慧便会浮现出来。

The Practice of Love

Break Old Patterns,
Rebuild Trust, and
Create a Connection
That Lasts

第三张练习清单 学会叙事

“我们的故事，走向哪里”

思维认同创造了一个由概念、标签、意象、词语、判断和定义组成的屏障，阻隔了一切真正的关系。

——埃克哈特·托利
灵性导师

“我不知道自己现在为什么讨厌你，杰夫，我就是讨厌你。”塔尼娅的话沉重地道出了这个长久以来被压抑的真相。这句话悬浮着，仿佛是被一架小飞机的飞机云写下的。

这是杰夫和塔尼娅的第四次咨询。最初的电话是杰夫打来的，虽然我并不喜欢用泛化的性别刻板印象来描述，但在我的经验中，一个男人打来电话寻求伴侣治疗通常意味着他们的关系已经岌岌可危，起码已经到了非常脆弱的阶段。一般情况下，男人并不喜欢寻求帮助，他们倾向于默认长期存在的社会偏见，即认为“治疗是提供给那些不正常的人的”。向陌生人吐露最深的恐惧和脆弱在他们看来就像是主动接受公开的鞭刑。因此，当杰夫打来电话时，我就知道问题不小。

听完了杰夫和塔尼娅的个人故事、家庭历史以及他们恋爱的轨迹后，我开始探究到底是什么发生了变化。开始进展很顺利，杰夫在南方一家快速扩张的大型包装公司找到了销售的工作，这份工作可以支撑塔尼娅做全职妈妈。塔尼娅同意了这个选择，这让她自己都感到惊讶。要知道，塔尼娅在公共关系领域已有不菲的成就，但最终，她对与孩子在家亲密相处的渴望超过了帮助一家公司的产品登上杂志的愿望。

杰夫的主要不满在于他感觉这段关系中有些东西丢失了。在我们的访谈中，他说："塔尼娅是一个很好的妈妈，总是陪伴在孩子们身边，但和我在一起时，我感觉她并不在场。涉及我们关系的事她几乎不参与。我得承认，有时我不知道她是否还喜欢我。"当杰夫深入讲述自己的体验时，他的情绪和音量开始逐渐增强："自从特雷弗出生后，性生活就再也别想了。我们已经三年没有性生活了！"杰夫的眼中含着泪水，"除非她想再要一个孩子，才会对我欲罢不能。现在每次做爱，我都感觉就像是她在施舍。我觉得自己像一个精子库！"面对杰夫的攻击，塔尼娅无动于衷地坐在那里。我的直觉告诉我她隐瞒了什么。

今天，杰夫下了决心要得到答案。他调整了坐姿，直视盯着对面的塔尼娅。"我有什么不对劲吗？"杰夫问道，"我很丑吗？还是你有其他人了？到底是什么问题，塔尼娅？我需要一个答案。我应该得到一个答案。我做了你想要的一切，也试着爱你，但你不接纳我。我在自己家里感觉像是一个不受欢迎的客人！"

塔尼娅直视着杰夫的眼睛，冷冷地给出了他所乞求的答案："我不知道自己现在为什么讨厌你，杰夫，我就是讨厌你。"当真相被说出时，即使它是痛苦的、丑陋的或令人感到耻辱的，也能使我们更完整地了解另一个人的感受。

在家庭关系中，我们往往在潜意识中避免说出真相。当感受与家庭、关系的需要或社会规范相违背时，我们会停止交流。我们相信，真相是任何人都难以承受的，它会伤害太多人的感情、破坏太多的生活，所以我们要将它埋藏起来。在不幸福的关系中，人们常常为了周围的人而隐瞒真相。除此之外，孩子也非常重要。为了让孩子的生活保持快乐和完整，我们不愿公开说出自己的真实想法。这一点可以理解。周围人的期望似乎也传递了这样的信息：诚实在这里不受欢迎。令人恐惧的地方在于，一旦说出真相，我们可能就没有回头的机会了。真相可能会引发灾难性的连锁反应，最终导致生活的毁灭。

杰夫听到塔尼娅的说法后目瞪口呆，却又奇怪地感到宽慰："我无法相信她会这么说。别误会，这很难接受。但这证实了我一直以来的想法和感受到的一切。"

塔尼娅看着我。"你不应该讨厌你的丈夫。"我说。我不明白塔尼娅这种强烈感受的来源。杰夫似乎是一个忠诚且充满爱心的丈夫。他是一个很好的父亲，大部分空闲时间都用来陪伴孩子和家人。他工作努力，表现不错，但绝不是一个工作狂。从大多数标准来看，他是一个良好的沟通者，真诚地希望与妻子建立联结。在被追问后，塔尼娅承认："杰夫很棒。我的意思是，他是一个好男人，这点毫无疑问。"那么，她觉得哪里有问题呢？

我问塔尼娅："你是否还记得你们曾经历的美好时光？"

"当然，在我们恋爱的时候，结婚后也是一样。我们过了很长时间才开始要孩子，那时我们真的很亲密。我注意到我的感受开始改变是在第一个孩子出生后。"

杰夫插了进来："在特雷弗出生后，一切都变了。突然间，我做什么都不对。无论我做什么，她总是感到烦躁或生气。"

塔尼娅看着他："怎么说呢，不少事情你都没做对。你必须承认你一直心不在焉。很长一段时间你都不在。"

杰夫立即反驳道："你在说什么？我在啊！我比我们认识的任何一个做父亲的投入得都多。我一直在问你是否需要帮忙，我是否可以帮你照顾特雷弗，你只是不相信我能完全按照你的方式完成那些工作。"

"变化就是那时候开始的，"塔尼娅说道，"我意识到我的感受开始变化。我以为，或者说我希望能变回来。虽然现在听起来很蠢，也很老套，但当时我希望如果我们有了另一个孩子，情况会有所改变。但最终，情况对我来说变得更糟了。”

我问道：“你有没有和杰夫谈过自己的感受？”

“我试过，但我不知道该说什么。如果我谈论自己的感受，他会指出他已经很努力了，并且愿意做任何事情来改善。我不知道该让他做什么。从根本上来说，是有些东西缺失了。”

我追问：“但那个‘缺失的’是什么？对你而言改变的是什么？”

塔尼娅说：“嗯，这是一个关键性的问题，对吧？其实我也不确定。我不知道是什么让我走到这一步，我的意思是，到了一种有时候不喜欢他，甚至讨厌他的地步。这感觉太可怕了。”

杰夫和塔尼娅这样的情况不管是对伴侣本身还是对治疗师来说都是令人沮丧和困惑的。一开始，我们看到的是一段看似健康和幸福的关系，所有证据都指向这是一种爱的联结，自然而然地，这对伴侣也开始为未来计划。随着计划的展开，突然间，一方的某种变化导致了关系开始恶化。这一方会说出一些模糊的、有时是可疑的理由来解释自己感情的变化。现在已经“不再爱”的一方会说：“我不确定是什么改变了。我不知道发生了什么或者出了什么问题。我只是知道，它就是发生了。”

由于没有明显的嫌疑人，很多伴侣只好把他们关系的失败归结于模糊的理由，即也许一开始“它”就没有真正存在过。有些伴侣之间确实原本就没有共同应对生活所必需的联结纽带。但我的问题是，为什么？为什么有些伴侣会经历治疗师所说的“关系周期事件”[①]，而有些人则不会？我们真的可以说从一开始“它”就不存在吗，还是有其他因素在起作用？

---

① 关系周期是一对伴侣随着时间推移可能经历的一系列阶段。发展周期中的阶段包括交往的伴侣、新婚伴侣、有幼儿的家庭、有青少年的家庭、孩子独立成家以及晚年家庭。家庭中的转变和变化被认为会对婚姻关系造成可预测的压力。

在第二张练习清单中，我说过，我们并不是揽镜自照时所见的单一有机体。一个人是由不同的亚人格或部分组成的，它们有各自的信仰、经历、动机、欲望和叙事。当我遇到像杰夫和塔尼娅这样的伴侣时，在他们的正念水平和呈现的自我部分之外，我还会观察他们的叙事，即伴侣双方创造的关于对方的故事。

叙事疗法[①]提出了一个观点，即来访者并没有那么多问题，而是有一些充满问题的故事。人本质上会编织自己生命中的故事，然后将其视为事实。根据我的经验，这显然也适用于伴侣之间。在与杰夫和塔尼娅交谈后，我认为他们失去的不是某种模糊的“东西”，而是失去了对彼此叙事的掌控。

① 叙事疗法帮助患者与他们的叙事分离开来。一旦问题被外部化，治疗师会帮助患者通过回顾他们的历史，寻找“独特效果”——与当前问题故事线相悖的经历，从而帮助患者重塑新叙事。

09

什么是关于“我们”的叙事

了解自己的一部分是放下自我，放下那些关于自己是谁的有限故事，这样你就不会被它们困扰，这样你就能过自己的生活，而不是被内心中关于自己的故事束缚。

——洛莉·戈特利布
美国作家、资深心理治疗师

我们的故事很重要

那两个人注视着彼此，眼里闪烁着光。他在她额头上轻轻亲了一下，她的脸颊涨红了，头靠在他的肩膀上，在他的怀里蜷得更紧了。我从地铁车厢的另一边偷偷地看他们，尽量不盯着看。他们的联结不言自明，爱意也是显而易见的。两人互相的凝视里混合着敬重和欲望。我相信“你们赶紧去开房吧”这个想法已经在一些乘客脑海中闪现了。毫无疑问，这肯定是一段绚烂的新恋情。作为一个经常与不和睦的伴侣打交道的人，我为这对恋人所散发出来的联结能量深感欣喜。令人困惑的是，他们两人看起来都不年轻了，至少 80 岁了，我揣测他们一定是最近才认识的，可能是在老人之家或退休社区里认识的。我在学校里曾读过有关老年人令人意外的健康性生活的文章。

由于养老院中的老年人性生活和性病增加，这些机构不得不制订相应的规则和教育计划来应对这种现象。

当那位老先生与我四目相对时，我清醒过来，意识到自己对他们的窥视已经被发现了，他们的行为虽然是公开的，但也仍然是私密行为。他微笑着向我点了点头，这一举动表明他们并不是本地人。无论是纽约土著还是新纽约人，生活在这座城里的人在地铁上不会相互致意，因为你永远无法预料会发生什么。我猜他们可能是来探望在纽约生活的子女。出于好奇，我打破了纽约地铁里的惯例，开始与他们交谈。我想知道究竟是我目睹了新恋情的火花，还是这对爱侣发现了能在时间长河中保持新鲜爱意和联结的方法。

事实证明，吉姆和克伊并不是80多岁，他们都已经90岁出头了。这对伴侣散发的爱意并不是新鲜的火花，而是经过63年培养出来的深厚感情。我告诉吉姆我正在学习成为一名治疗师，而我的志趣是为伴侣服务。我非常想要帮助伴侣们创造出吉姆和克伊所拥有的东西。除此之外，我还希望自己的婚姻也能像他们的一样。我说："吉姆，我想问一下，你们的秘诀是什么？我看到你们注视彼此的方式，好像依旧为对方神魂颠倒。坦白地说，这不是我们通常能够看到的情况，尤其对于已经在一起这么久的夫妻更是难得。"克伊眼含深意地看着吉姆，那眼神表明我已经发现了他们的秘密。他们知道自己拥有特别的东西，而我已经见证了这一点。吉姆并没有开始讲述他们的誓言和婚姻的神圣，也没有谈论为了上帝或孩子而付出的努力，他停顿了一会儿，看着克伊说："无论发生什么事，无论我们经历了什么，无论情况有多困难，相信我，虽然有时候确实很困难，但我总是提醒自己和这个女人在一起是多么幸运。你可能陷入问题之中并让问题撕扯你们，或者你可能把注意力放在最重要的事情上，但对我来说，最重要的是我拥有她，我多么幸运！我一直在提醒自己这一点。"克伊点头表示同意，她说："我也一样。"她露出狡黠的微笑，向我眨了眨眼睛，补充道："我承认这并不总是很容易。"

我从克伊身上学到的是，这不是神奇的灵丹妙药，而是他们一直在努力练习的东西，即使在困难的时候也从不放弃。我和他们一起开怀大笑，还给他们提供了一些关于纽约东村餐厅的建议，然后，在这对 90 多岁的夫妻带给我的启发和鼓舞下，我去上课了。

你永远不知灵感会在何时何地降临。那天我在一对年迈的夫妻身上获得了灵感。当然，吉姆并未谈及他心中关于克伊以及他们婚姻的故事。在那天分享的所有内容中，他从未使用过“叙事”这个词。作为一个新手临床治疗师，以下是我的理解，我相信吉姆和克伊所说的是，你所讲述的关于伴侣的故事很重要，你创造的叙事会影响你对身边人的感受。即使困难重重，你也必须密切关注自己对所爱之人抱有的想法，尤其在困难时期，这种关于叙事的练习能够产生巨大的影响。

关于伴侣的“叙事”，特指我们心中描述伴侣的小故事。我的一个来访者形容得很好：“就像我脑海中不断循环的关于我丈夫的新闻播报。”在一段浪漫关系的开端，我们的叙事会被所谓的“多巴胺爆炸”渲染。多巴胺是一种与愉悦感、动力和奖赏相关的神经递质。当一个刺激物触发了多巴胺的流动时，大脑会赋予该刺激物以重要性，我们会被吸引去获取更多类似的东西。当我们开始追寻一段新恋情时，多巴胺水平会达到最高点。加上我们在进化和生理上对于繁殖的需求，我们的防御措施会进一步降低，我们对未来伴侣负面属性的感知也会降低，从而形成了所谓的“迷惑爱”（limerence）[①]，这是一段新浪漫关系的标志。

然而，大脑中的多巴胺水平是不可持续的，通常在 6 个月到 1 年后逐渐

① 美国心理学家多萝西·泰诺夫（Dorothy Tennor）创造的一个词，用于描述一种强烈的、近乎强迫性的恋爱渴望状态。它同样被定义为在一种关系中深深陷入爱和欲望的阶段。

下降。多巴胺的下降伴随着一些挑战情侣关系的压力状况，浪漫的幻想很快就会破灭，我们心中关于伴侣的故事也会发生明显的转变。

这是一个决定性的时刻，对于伴侣来说，他们的互动方式和思维习惯正在形成。这时的他们不再被新恋情的魔药所迷惑，自我的防御部分开始浮出水面，防止它们因爱情变得脆弱。他们的各个自我部分开始讲述伴侣的故事。这些讲述从轻声的耳语开始。比如："你从来没理解过我。""我觉得你认为自己更适合别人。""我从来没能够信任你。""你从来没真正在乎过我。""我不认为我对你有吸引力。""你总是让我失望。"以上这些是我们在遭遇负面情绪时内心独白通常使用的语言、语调和口吻。这些短暂的想法或判断在当时并不被我们重视，但是被放任后，就逐渐成为我们看待伴侣的主要方式。

然而，当我们运用前两张练习清单提供的技巧时，我们可以正念地观察我们的叙事以及创造这些叙事的自我部分。在这种正念状态下，我们可以选择叙事并决定其走向。在第三张练习清单中，我们能够发现，当从智慧、健康的自我角度叙述时，叙事可以成为关系中充满爱和同情心的重要部分，可以强化伴侣之间的纽带。但是，如果任由其自动驾驶，它就可能像病毒一样蔓延，危害伴侣之间的联结，而这就是杰夫和塔尼娅正在面对的。我的问题是：他们关于彼此的故事是何时转变的？杰夫是如何从视塔尼娅为自己最好的伴侣到感觉被她完全抛弃的？塔尼娅是如何从爱着杰夫并想要与他度过余生到"我不知道自己现在为什么讨厌你，但我就是讨厌你"的？

当第一个孩子出生时

两人都认为第一个孩子的出生改变了一切，这并不奇怪。尽管我们常说孩子的出生是神奇和美妙的，但事实上，这也是一段艰难和令人筋疲力尽的经历。医院将一个无助的小生命交给你并对你说“祝你好运”，这个小生命刚刚与你见面，但你对他的爱已经超越了语言所能表达的范畴。当阿什莉和我的第一个儿子出生时，我们惊讶地发现居然没有使用手册或说明书，但助产士却相信阿什莉和我可以解决所有问题。然而，在最初的几周里，我一直望向窗外，想知道他真正的父母什么时候会出现。

婚姻和家庭治疗中有一句话经常被引用：“当家庭成员增加或减少一个时，压力会翻倍。”孩子的出生会伴随一系列常见的伴侣问题，包括相处时间减少、争吵增多和性生活减少。针对夫妻们在孩子出生后所面临的严峻挑战，畅销书作家珍西·唐恩（Jancee Dunn）写了一本名为《如何在有孩子后不讨厌丈夫》（*How Not to Hate Your Husband after Kids*）的书，幽默而坦率地讲述了她如何将婚姻从产后的破碎边缘挽救回来的经历。

杰夫和塔尼娅讲述了许多与该生活阶段相关的压力因素。然而，他们的行为表明，还有其他东西在促使隔阂变大。经历典型育儿磨合期的伴侣可以通过自我干预或治疗重新找到节奏。然而，对于杰夫和塔尼娅来说，即使有了干预措施，他们的关系仍然冷漠疏远，似乎很少有东西能让他们更加亲近。他们身体的联结根本不存在，杰夫感到绝望，而塔尼娅的话非常直白，可以看出她的态度悲观黯淡。

通过使用本书第一张练习清单和第二张练习清单中的策略，我要求杰夫和塔尼娅的保护者停下来，并邀请他们更友善、更智慧的自我部分加入讨论。这个练习让他们第一次有能力谈论儿子出生时的感受。

杰夫说：“特雷弗一出生，我就失去了她。我失去了我最好的朋友和伴侣。我知道事情必须改变，新妈妈很艰难，但我们应该像一个团队一样一起去面对。特雷弗出生后，对我来说一切都结束了。”

塔尼娅说，成为新妈妈困难重重，而杰夫的行为让她感觉困难加倍。“我知道他认为自己在那里，但他并不是以我需要的方式存在。是的，他是在帮忙照顾孩子、做饭、打扫卫生、工作……但他和我没有任何联结。他不再和我交流，我就像处在一个充满未知的地方，我感到很孤单。他在那里，但他的心不在。他说他感觉失去了最好的朋友，这也正是我的感觉。当我最需要我的爱人时，他并不在。坦率地说，我没有精力去追赶他。这就是我开始感到愤怒的原因。”

在治疗的这个阶段，杰夫和塔尼娅的关系能否幸存下来仍然未知。从我的角度看，事情似乎并不乐观。塔尼娅作为妻子可能还没有完全离开，但她已经把手放在门把手上了，而杰夫并没有做太多事来改变她的想法。杰夫陷入了自己被抛弃、爱人离开和自己不如儿子重要的叙事中，这使得他的大脑和心灵中几乎没有任何多余的空间接受塔尼娅实际上需要并希望他在身边的事实。他杜撰出的故事让他忽略了妻子想要一起重建家庭的愿望。

因此，尽管杰夫认为自己已经通过完成父亲的职责清单展现了他的“在场”，但塔尼娅认为他的努力只是表面功夫。她开始编织自己的故事，包括杰夫并不是真正想要这个家、他已经抛弃了她，或者他无法理解她的情感需求。对于塔尼娅而言，更糟糕的是，她亲眼看着自己关于新家庭的梦想和愿景被摧毁。现在，塔尼娅关于丈夫的叙事已经变得非常负面，而杰夫的叙事则趋于绝望。

因此，问题是：究竟是我的爱人失误了、没能理解我、犯了错误，还是他本身就是自私自利、情感迟钝的白痴？我并不是说我们讲述的故事是唯一重要的事，也不是说如果我们能给予足够多的积极肯定一切就一定会好起来。伴侣之间当然有真实的经历；人们会犯错，有时会欠缺思考，会自私、冷漠甚至刻薄。在关系中，感情会受到伤害，旧伤会重新浮现。我所说的是，我们讲述的故事会在生活中回响，会影响我们的思想、情感和信念。它们指导我们的决策，并直接影响我们与同事、家人、所爱之人的相处。一旦我们对伴侣的叙事变得负面，我们的感受很快就会随之发生变化。因此，叙事是浪漫关系保持健康的关键和基本标志。一旦来访者觉察到自己的叙事及其发挥的作用，自然而然就会问“为什么”：为什么这些小故事会产生如此大的影响？为什么一个简单的念头对于建立以心为本的联结如此重要？

10

叙事如何影响我们的关系

尽管身体很聪明，但它无法区分现实和想法之间的差异。它对待每一个想法都像对待现实一样做出反应。它不知道那只是一个想法。

——埃克哈特·托利

灵性导师

爱的赫布定律

请想象一下你最喜欢的食物，想象它的香味、口感，想象你现在吃它的美妙感受。当你沉浸在这种关于食物的叙事中时，你会开始感到肚子饿得咕咕叫。即使你刚吃饱，如果你沉浸在这些想法中足够久，最终也会想“吃一口也无妨”。现在用性幻想试一下。如果你沉浸在性幻想中足够久，身体反过来也会产生相应的感受，实际上是在说：“耶！我们来做吧！”你将体验到与这些想法相关的所有的身体反应。

大脑和身体密不可分。它们通过神经肽、神经递质和激素的传递不断进行着生物化学对话。具体细节很有趣，但与我们要讨论的主题无关。简单来说，当我们有一个想法时，大脑会向身体发送化学信号，而身体会匹配这个信号并创建一个状态，比如产生饥饿感或性欲。[23]更简单地说，我们的想法变成了我们的感受。如果我们将足够多的这些想法和感受结合起来，就形成了一种信念或叙事。这种理解会使得我们对伴侣的那些看似不重要、不起眼的想法变得非常重要。从这个角度来看，它们不能再被视为不真实的感受或一时受挫的表达。我们的想法并不是无关紧要的小剧本，它们在身体中引发了化学“潮汐”，并最终影响着我们看待人和世界的方式。

举个例子，你是否曾经有过这样的体验：对伴侣感到沮丧、愤怒甚至怨恨，但你并不确定为什么。你的伴侣是否也对你有类似的感受？

想象一下，你的朋友或同事说了或做了什么让你感到受到了伤害，你有点震惊，当时没有说什么，但接下来的一整天你都回想着这段互动。你的想法变成了感受，这些感受又创造了更多的想法，进而形成一个叙事。“他怎么敢这么说我！”“他以为自己是谁？”你把这个故事告诉一个朋友，问道：“你敢相信他胆子这么大吗？”你的大脑会向身体发出化学信号，说自己很愤怒，身体相应会产生支持这种体验的信号。然后你在半夜醒来或第二天早上洗澡时仍会想起这件事。在某种程度上，这个人带给你的感受已经改变了。你对他的叙事受到了影响，这将影响你与他的交流方式和对待他的方式，然而，实际上发生的事情并不多，大部分情况都在你的脑海中发生，但感受非常真实，这就是一种心理预演的形式。由于人类的大脑拥有高度发达的前额叶皮质，我们是地球上唯一能够想象还未发生的情况并体验它的动物。

多年来，顶尖的运动员和表演者利用心理预演来优化表现。仅仅通过想象自己的表现，他们就增加了在未来再现类似心理和生理反应的可能性。该领域的研究表明，大脑甚至在没有真实世界刺激的情况下也能学会如何应对。在很大程度上，身体和心灵无法区分真实发生的和想象中发生的事件。脑成像显示，当我们想象自己处于某种情境中时，我们刺激了与现实中处于该情境时相同的脑部区域。[24] 不论是对在运动、舞台表演或大型演讲中取得成功，还是对我们的人际关系，这项结论都有着深远的影响。这是我们必须注意自己关于伴侣的叙事的另一个重要原因。如果我们处于自动驾驶模式，就会不断地将想法转化为感受，进而转化为叙事。本质上，我们正在排练如何不再爱对方。当持续将伴侣塑造成恶棍的角色时，我们的大脑和身体会共同创造出支持这种体验所需要的状态。这项研究表明，我们会通过叙事“训练”自己对伴侣产生负面反应。

相反，当我们带着正念改变叙事、选择爱和同情、提醒自己对伴侣友善体贴时，我们就利用了赫布定律。赫布定律是我在第一张练习清单中提到的神经假设定律，它认为经常同时激活的神经元最终会连在一起，从而创造支持这种联系的新思维习惯。当伴侣们更加正向地讲述关于彼此的故事时，他们的大脑会重塑为爱的关系。

选择了修剪

那时我即将离巢，正要作为新晋治疗师走向新天地。根据实习诊所的告别仪式，我的同事们聚集在一个房间里，在纸片上写下我在专业和个人方面对他们的影响，然后大声读出来。我的同事们一个接一个友好而慷慨地谈论了我的工作表现和个人品质。有些人说他们佩服我的勇气和奉献精神。有位女士说，对她来说，我是一个丈夫和父亲的典范。另一位说，她希望她的两个儿子能像我一样成长。在读完纸片上的内容后，他们将纸片折叠起来放在一个一个大咖啡杯大小的木盖金属容器里。他们选择金属是因为它反光并且坚硬，选择木材则因为它温暖。我的同事们说，这个容器很好地代表了我以及我为诊所所做的贡献。

当听到这些话时，我目瞪口呆。

在这两年半的实习期里，我大部分时间都在默默想着他们何时才会意识到我的错误，并等待着自己被辞退的通知。虽然我在来访者接待方面表现得很出色，但在我关于实习的内心独白中，这部分被剪掉了，恐惧和脆弱占了上风。我编织出一条故事主线，它说我永远不会被这个由学识渊博的专业人士组成的世界接受。毕竟，我母亲 15 岁就生下了我，我成长于贫穷之中，永远来自错误的阶层。现在我成为位于麦迪逊大道的高端私人心理诊所的实习生，这一想法不符合我的叙事，它似乎是电影中才会有的内容，我的一些自我部分，也就是防御的自我部分完全不相信这一点。因此，我包裹在自己内在叙事的防御铠甲中，虽然这个故事让我免于受伤，但也意味着会错过许多深层次、有联结的关系。我无法看到这些人、这个地方和这段经历的真相。我错过了所有这些。

在《安静的力量》（*The Art of Stillness*）中，作者皮科·耶尔（Pico Iyer）简洁而深刻地描述了我们的想法（叙事）和现实之间的关系："我们生活的很大一部分发生在我们的大脑里——在记忆或想象、猜测或解读中，以至于有时我觉得，改变生活的最好方式是改变我看待生活的方式。"[25]

我们常常在编辑错误的、无意识的和不可靠的内心独白。叙事疗法的核心概念是"修剪叙事"。人们倾向于关注和吸收支持我们现有叙事的信息，同时排除或忽略那些不支持的细节。在实习的那两年多的时间里，我做了很多选择和修剪，包括我的经历和同事的信息，同时剔除了一大部分其他细节。当我修剪有关实习的叙事时，我改变了对实习和同事的感受。我没有把他们看成友好、支持性的群体，而常常把他们视为我需要防御的人。

根据我的经验，伴侣之间普遍存在这种倾向，无论是通过回忆还是想象、猜测还是解读，我们总会为自己的伴侣编织故事情节，将他塑造成征服一切的大英雄或十恶不赦的大坏蛋，塑造得性感迷人或沉闷乏味。因此，我们不能轻视自己对伴侣的短暂看法，认为那是微不足道、毫无事实根据的神话或无价值的心理寓言。事实上，我们的叙事会影响我们和伴侣之间的所有联结，包括身体上的联结。性吸引力很大程度上源于我们的思想，但是，正如我们即将看到的那样，是否具有性吸引力只是我们讲述的故事的一部分。

让重复和熟悉滋养爱

“你是在问我是否会和孕妇做爱吗？如果这是你问的问题，答案是肯定的。我和我怀孕的老婆会有性生活。如果你一定要知道的话，我这样做的频率还挺高的。”

以上是我对一位朋友问题的回应，实际上我对朋友关于“是否和怀孕的妻子做爱”这个问题感到恼火，这一点显而易见。面对我的回答，朋友开始结巴起来：“嗯，那个……怎么回事？你怎么做到的？”

“从变成熟开始做到的！”我回答道。

我当时可能过于严厉了。我的朋友在担心如果他女友怀孕了，他会有什么感受。他的问题虽然略显笨拙，但是真心的。那时，阿什莉怀上我们的第一个儿子已经 8 个月了。老实说，当她怀孕时，我脑海中也浮现过类似的问题：“那会是什么样子？”“会不会很奇怪？”我最不希望发生的事情是在这个非常脆弱的时期不再被妻子吸引。我听说有些男人会因为妻子孕期的身体变化而突然产生厌恶感，进而毁掉自己的婚姻。奥普拉·温弗瑞也曾经在节目中讨论过这个话题。后来在我的职业生涯中，我也治疗过那些因被伴侣如此对待而感到痛苦、愤怒、被伤害的女性。我感到害怕："如果这种事发生在我身上会怎样？"最终，我决定采纳我之后一直推荐的做法：成熟起来。成熟起来意味着转向爱，有意识地基于同情心和理解来创造自己的叙事。为了孕育我们的孩子，阿什莉的身体会自然而然地产生变化，它会变得丰满有肉，这是理所当然的。她正在孕育我们的孩子，这不应该令人讨厌。事实上，这是十分美好和美丽的，而且颇为性感。在阿什莉怀孕初期，我给她买了一条印有手枪图案的"男孩风"内裤。我们开玩笑说，等到杰克出生时，那些小手枪看起来就会像步枪了。后来，阿什莉像女神一样孕育着我们的孩子，而我战胜了自私和愚蠢的心魔，没有错过任何一个重要时刻，我可以全程陪伴她。但在很大程度上，这是一个故事，是我有意识培养的一种叙事，而这种叙事产生了巨大的影响。

对大多数伴侣而言，性生活很重要。在良好健康的关系中，性生活占据关系的 20% ～ 25%。在性生活缺乏或不足的关系中，性生活似乎占据了关系中 75% ～ 80% 的心理和情感空间。关于性的叙事承载着很重的分量。正如我们在杰夫和塔尼娅身上看到的那样，杰夫对塔尼娅缺乏性吸引力，这与塔尼娅对他的叙事一致。随着她心中关于杰夫的叙事的逐渐恶化，她与杰夫的身体联结也随之减弱。作为一名每天处理这些问题的治疗师，我认为叙事对枕席之事的影响仍未得到充分重视。相关的内心独白是我们性吸引力的背景音。长期伴侣间的性吸引力往往很难维持，尤其是在之前提到的"迷惑爱"状态之后。在这个时期，爱情和欲望都可能消失，伴侣间争吵增多，而沟通减少。就是在这个时候，关于伴侣的性感故事开始从"我想让你爱抚我"转变为"我希望你离我远一点"。随着故事的改变，我们更容易发现对方身体的缺陷，并且更容易冷漠地关注负面而非正面。我们还可能开始将配偶与现实生活中或社交媒体上的其他人相比较，从而进一步将我们的叙事引入错误的方向。

因为熟悉程度的增加，浪漫幻想开始破灭，这也影响着我们关于伴侣及其性吸引力的叙事。在恋情开始阶段，我们努力和伴侣变得熟悉。我们想要了解自己的伴侣，也希望伴侣了解我们。了解某人和被人了解会带来安全感和亲密感。心理治疗师、作家埃丝特·佩雷尔（Esther Perel）在她的书《亲密陷阱》（*Mating in Captivity*）中提到："爱让我想知道你的一切。"爱通过重复和熟悉得到滋养。然而，正是通过这些重复和熟悉的元素，"情欲麻木了"。作者说，欲望"靠神秘、新奇和意外的惊喜生长"。[26] 在浪漫伴侣之间，熟悉度会创造一种滑坡。如果我们在讲述故事时懒散下来，如果我们的内心独白顺着滑坡降至平淡，会带来扼杀性欲的风险。在一个普遍叙事是"我都经历过了"的环境中，欲望不可能生长。

如果熟悉度让我们的激情消退，我们就需要有意识地为伴侣创造故事，将他塑造成一个不断变幻的谜题。我们要尽可能地通过构建内心独白和幻想将他变成我们渴望触碰的对象。研究表明，创造充满激情的性爱叙事或对伴侣进行幻想对我们的性生活和整体伴侣关系具有积极的影响。关于这一主题的 4 项独立研究表明，对伴侣进行幻想可以增强我们的性欲，同时提高增进关系的行为表现。[27] 这些研究中的一个关键的细节是：并不一定要自发地幻想才能产生效果。事实上，"人为幻想"，即我们有意识地构建的情色故事同样有效。通过这一点，我们可以看到想法的重要影响：想法变成了感受，感受变成了我们在床帏之间关于伴侣和自己的信念。

应该指出，人类的性爱是一个广泛而复杂的话题。无论如何，讲述新颖而性感的故事不可能解决每个人的性问题。性是复杂的，尽管有些处方药有着神奇的作用和潜力，但在创造更好的身体联结方面并不存在什么魔力药丸。尽管如此，觉察我们的叙事方式并讲述一个更健康的新故事不仅仅是对情节进行表面的重构。这一领域的叙事要求我们不仅仅把伴侣看作欲望的对象，它还提醒我们要主张对自己的性叙事。性往往习惯性地与家庭、文化和代际风俗结合在一起，这些都会影响我们身体的联结。伴侣双方一起有意识地改善叙事将有机会为这个在人类中通常与脆弱和羞耻相连的方面带来善意、同情、共情和敬重。这会创造信任，而信任是深入持久的关系的基础。

若叙事无改变，感受也不会变

我的一天通常由一系列时长 50 分钟的访谈组成。在 10 分钟短暂的休息时间里，我会去洗手间、冲一杯咖啡、接收一两条手机消息或者安排下一个来访者。这个时段我通常会听到下一对来访者之间模糊的对话声，他们正坐在等候室里等待。然而，我今天并没有听到等候室传来的对话。杰夫和塔尼娅似乎迟到了。这应该是他们的第五次咨询。我们花了前几次的时间来了解他们的过往、学习正念，并探索自我部分。我意识到他们可能会突然决定不再继续治疗。他们是一对处于分水岭阶段的夫妇，任何事情都有可能发生。他们之间的互动缓和了，但是明显的寒意代替了情绪波动。因此，当打开门看到他们并没有迟到时，我感到非常惊讶。两人进入了我的办公室，并保持着沉默。在寒暄之后，沉默持续了整整 4 分钟。他们时不时地与我目光相对，却因为长时间的眼神接触而感到不自在，只得把视线移开。似乎没有人愿意打破这份安静。

每当这种长时间的沉默发生时，我就会想起演员萨莎·拜伦·科恩（Sacha Baron Cohen）所扮演的波拉特潜入皮马县共和党俱乐部并为虚构的“提什尼克大屠杀”死难者进行的默哀。科恩让摄像机运转了 10 分钟，但感觉像几小时，俱乐部成员们的不适显而易见。治疗室里的沉默也同样显得漫长，同样让人难以忍受，但远没有那么有趣。即使是经验丰富的治疗师也很难忍受这样的沉默。人类大概有一种填补空虚的强烈需求。在海利克斯培训项目中，我们在每月的推进小组中学习如何舒适地面对沉默。小组会议持续两小时，通常以长时间的对话暂停开始，这种沉默可能持续 1 小时甚至更长时间，没有人愿意先开口说话，沉默时间越长似乎越难打破平静。就是在这些进程组的体验中，我不仅适应了安静带来的不适，还学会了读懂人与人之间的沉默。有时，小组会议开始时的沉默仅仅是羞怯，但更多时候安静中蕴含着更多东西。通常是有人怀有一旦分享就必将引发争论的想法、感受或经历。据我推测，杰夫和塔尼娅也是如此。两人都不想破坏脆弱的和平，或许他们知道一旦开始讨论后会发生什么。

最后，杰夫问："你想开始吗？"

"不，你先说。"塔尼娅答道。

杰夫感到失望，他在椅子上挪了挪，深吸一口气，说道："好吧，我想这周情况变得更好了吧？"他望向塔尼娅，希望能得到她的肯定。

塔尼娅注意到他话中隐含的问题，终于开口："没错，这周好多了。我是说，我们没怎么吵架，事实上，是根本就没吵过。"

杰夫说："对，需要有真正的交流才能吵架。她仍然不想和我有什么关联。在她眼中我唯一的用处就是赚钱和修理房子。哦，还有就是当她想要时给她一个孩子。"

塔尼娅生气地反驳道："你真的这样认为吗？"

"那我到底应该怎么想？"杰夫反问道。

他们两个停了下来，沉默又回来了。

塔尼娅深吸一口气，小心地说道："杰夫，你已经离开了，你已经不在了。我知道你认为自己做了所有的事情，但事实并非如此。你如果不在办公室，就总是埋头于手机。更重要的是，你已经停止了交流。你忘记了一个关键的部分：我！在情感上你已经消失了，已经走了。你认为你失去了我，但实际上是我失去了你。你不想在这里，承认吧！我不是说你不爱孩子们，但是我认为你不想过这样的生活，这一点是显而易见的。”

“那好吧，那为什么我会在这个房间里？为什么我会打这个电话？为什么我要努力维持我们的关系？”

塔尼娅回答道：“我不知道。我一直在考虑这个问题。也许是因为钱，离婚很贵？也许你不想被贴上‘离婚’的标签？或者你在这里是为了找医生替你证明……我不知道，也许你只是想成为‘好的一方’，成为那个努力过的人。”

杰夫摇了摇头：“你是这么想我的？我在这里是因为我爱你和孩子们。因为我不会像你放弃我一样放弃你。你认为我放弃了，但你才是放弃的人。你有了孩子，但我却谢幕了，我的婚姻结束了。”

塔尼娅带着讽刺的笑容转向我：“和你上次见我们时一样，没什么改变。”

我回答道：“说实话，我并没有期待你们会有很大的改变，你们仍然处于自动驾驶的模式中，仍然在盲目地反应着。从我的观察来看，你们仍然试图让自己的保护者来沟通。我注意到你们各自讲述的关于对方的故事。如果你们的叙事没有改变，你们的感受也不会变。塔尼娅，只要你对杰夫和婚姻的叙事保持不变，他就没有机会成为一个对你有帮助的丈夫，没有机会成为一个理解你的人。杰夫，你也一样。你还抱着那个想法，认为塔尼娅把你晾在一边，不再需要你，从你那里得到了她想要的后一切就结束了。”

我继续说道：“我担忧的是，你们现在关于彼此的故事有些是真实的，但很多不是，有些是公允的，有些不是。你们必须考虑是否要用这些半真半假的事情作为‘呈堂证供’来结束你们的关系。最终是你们决定着故事的结局，也就是要看你们选择相信哪个叙事。你们需要克服一些问题，并且你们都受过伤、留下了伤疤。然而，在某种程度上，我认为你们确实有选择，这是你们应该有意识地做出的一个选择。”

我妻子喜欢说：“当沟通停止时，关系就开始枯萎。”当叙事开始时，沟通就停止了。当我们沉浸于自己的假想时，就不再对伴侣的真实体验感到好奇。杰夫和塔尼娅共同拥有一些明显的关系问题，例如愤怒、信任、怨恨、沟通问题以及身体上的联结问题。透过我们 5 张练习清单的镜头，我看到了两个变得无意识的人正在无意识地忽视在关系中呈现的自我部分，也无意识地创造了关于对方的叙事。一方面，两人都在指责对方恶意地放弃了婚姻。杰夫的故事讲述着塔尼娅对他的放弃以及只在财务上需要他。而另一方面，塔尼娅编织了一个故事，说杰夫不再想要家庭生活，只是为了省钱或者因为不喜欢离婚的身份而留下来。

这对伴侣的例子很好地说明了想法如何滋生消极叙事。由于急切地想要保护自己，两人都修剪了自己的叙事，他们紧紧地抓住了所有支持自己现有故事的信息，忽视可能改变情节的证据，同时又在心理上一天天反复预演着不再相爱的场景。

对于杰夫和塔尼娅，我的任务并非不惜一切代价地挽救他们的婚姻。为了挽救婚姻而进行的治疗是没有意义的，是短视的，而且坦率地说，是根本不会奏效的。人们经常问我：“你挽救了多少关系？你的纪录是多少？”让他们惊讶的是，我回答道：“我不知道。那不是我的工作。”多年后，有些人给我写信，感谢我帮助他们结束了关系，让他们终于获得了幸福，这些人和感谢我帮助他们成功挽救关系的人一样多。我不是所谓的“支持婚姻的治疗师”，我是支持幸福的治疗师。如果两人分开比在一起更健康，我绝不会试图通过“治疗”让他们留在关系里。归根结底，我帮助人们发现信息：关于自己、伴侣和关系的信息。这是本书的目的，也是我在杰夫和塔尼娅身上关注的重点，也就是让他们获得所需的信息，帮助他们做出关于自己生活的明智决定。然而，问题仍然存在：要怎么做？怎么做才能让两个受伤和愤怒的人长久地放下心防，从而看到那个不断循环的模式：想法成为感受，再成为叙事，最终成为我们关于彼此的信念。

11

如何用叙事重启关系

故事只有在表演中才能产生质变。

——杰罗姆·布鲁纳
美国教育心理学家

两只狼的故事

年轻的女孩向祖母寻求建议。她说："奶奶，我需要您的帮助。我内心就像有两只狼在打架，一只狼充满了恐惧，它生气、傲慢、嫉妒、自大、愤恨。另一只狼充满了爱，它善良、有同情心、仁慈、慷慨，能共情。我不知道哪只狼会获胜。"

祖母微笑着说："那很简单，亲爱的，你选择喂养的那只会获胜。"[28]

这个故事多年来有过许多不同的版本，通常主角是男性。我略做了一些处理，使用女性视角来讲述它。

这个简单的寓言说明了负面思想是如何支配我们的心智的，它也揭示了觉察叙事是掌控叙事的第一步。寓言告诉我们，我们有能力掌控内心的独白并通过有意识的选择来改变它，就像故事中的女孩一样，我们必须意识到自己的叙事。如果希望关系健康发展，我们就要积极喂养那只充满爱和同情心的狼。

这并不意味着我们应该盲目地喂养天真和易受骗的狼。带着单纯的、无限忠诚的心态，用甜蜜的微笑和积极的肯定来掩盖严重的问题，这是一种魔幻思维，坦白说，它并不健康。

我们不应低估叙事的力量和影响力，但也不应低估我们改变情节走向的能力。在《埋藏的宝藏：从你所在到你所是的旅程》（*Buried Treasures : The Journey from Where You Are to Who You Are*）一书中，作者就此说道："每时每刻我都有选择权。当我的思想态度改变时，整个观点也发生了改变，同一个场景可以变得绚丽，也可以变得丑陋。每个时刻都有一个选择诞生，每次选择都诞生了一个时刻。"[29]

要想进行选择，我们必须先觉察自己想要讲述的故事。这一点可以通过放大内心那些可能不想让任何人听到的隐秘声音来实现。为了解我们正在建立的关于伴侣的信念，我们必须将那些隐秘的声音勇敢地大声说出来或写下来，哪怕只说给自己听或写给自己看。放大音量后，我们需要评估叙事是否合理，并判断叙事是否具有同情心、共情力、洞察力，是否公正，是否真实可信。

将内心的声音放大

在第 10 章提到的与杰夫和塔尼娅进行的那一次访谈中，我说："我想让你们尝试一些可能与我们的目标相反的东西。我希望你们能大声说出对彼此的一些小想法、感受和评判。”

杰夫和塔尼娅不安地看了看对方。

我继续说：“我提到的内心对话你们能觉察吗？就是那些除非真的受了伤或者真的很生气才会说出来的想法。”

两人都点了点头。

杰夫补充道：“嗯，这应该很有趣。我想今天会是物超所值的一天。”

我回答：“说实话，这可能会很难，但如果你们能坚持到最后，也很有可能在今天结束之前得到一些疗愈。”

我转向塔尼娅：“如果可以的话，先从你开始？”

她点了点头表示同意。

我说：“在我们上次的访谈中，你对杰夫说过：‘我不知道自己现在为什么讨厌你，我就是讨厌你。’我相信你的话背后的确有一些真实情感，我不想无视你的感受。然而，‘讨厌’是一个感情强烈的词，我想知道你是否真的讨厌杰夫。因为如果你默默地告诉自己你讨厌他并编造一些充满鄙视的故事，我就不知道我们该怎么办了。我想确定你的真实感受。在回答之前，我想让你觉察自己的自我部分。如果其中防御的自我部分存在，请让它退到一旁，尽最大努力从智慧的自我部分的角度来回答。”

塔尼娅深吸了一口气，双手在膝盖上揉搓。她思考着我的问题，目光投向别处。我感觉她明白我的意思，她知道我会要求她尽量不要把“讨厌”摆在台面上，但这可能会让她更容易受到杰夫的伤害。

她犹豫着转向杰夫说：“我不讨厌你。”接着，她对照我的叙事清单回应道：“说我讨厌你是不公平、不宽容的，也没有同情心的。我承认我不应该那样说。而且，我认为你留下来并不是因为钱或者因为不想离婚。”

我插话道：“如果不是讨厌，你当时感受到的是什么？”

“我受伤了，伤得很严重，我还非常愤怒。我感觉你抛弃了我。当感受累积起来时，我的某些自我部分开始告诉我这些。”

杰夫伸手握住了塔尼娅的手，塔尼娅接受了。虽然不易觉察，但我注意到她似乎对杰夫的触碰有些不情愿。

“这个观点很好，塔尼娅，”我说，“我们的保护者会通过编造故事来让我们保持安全感。你们关于彼此的叙事正源于此，这或许是你们无法产生联结的重要原因。”

我转向杰夫：“现在我们来谈谈你的叙事。”杰夫调整了一下椅子，似乎在做最后的准备。塔尼娅趁机抽回了手。

按照惯例，我让杰夫觉察在场的自我部分，并邀请他智慧的自我部分参与这次谈话。妻子刚刚经历的过程让杰夫放下了防卫，更容易地接触到智慧的自我部分。

杰夫说：“那我该从哪里开始呢？我对自己说了很多关于塔尼娅的故事，其中一些你也听过。我告诉自己她抛弃了我，孩子一出生我就没有用了。我只是她的提款机和精子库。我曾经想过她可能有别人了，甚至有几次还想过翻看她的手机。”

我说：“让我们看一下你关于塔尼娅的故事是否合理。现在想想，你讲的故事是否富有同情心、共情力、洞察力，是否公正和真实？”

杰夫回答：“我想我们都知道我的故事没有什么同情心、共情力或洞察力，有时候它看似公正、真实，但是如果真正去看，我知道那不是塔尼娅或曾经的她。我知道塔尼娅多么想要一个家庭，说实话，我知道自己一直是其中的一部分。我只是不确定现在还是不是这样。我的某个自我部分仍然感到受伤和被排斥。我认为这是真实的。”

放大音量能让伴侣们从宏观的视角来评估伴侣和自己与伴侣间的关系。在这个过程中，他们会问：“这个人原来也是这样的吗？”“这是基于他的本性，还是因为他在这段时期或某个事件中遇到了什么困难？”这种练习迫使我们考虑关系的连续性，并考虑任何一个具有挑战性的经历与整个背景之间的关系。此外，放大音量也起到离心力的作用，它有效地解构了我们的叙事，把真实感受从无益甚至有害的故事中分离出来。简单来说，塔尼娅感到受伤、愤怒和被抛弃，而杰夫感到受伤和被排斥，这些都是我们可以谈论和处理的情感与体验。而内心独白中常常使用的言语，诸如“他总是”或者“她从不”困住了我们和我们的伴侣。

起初，叙事和内心感受之间的差异可能会很模糊。如果我们努力把防御的自我部分放到一边，询问我们的故事是否具有同情心、共情力、洞察力，是否真实和公正，真实的感受就会显露出来。请通过尽可能少的词语来描述你的经历，这样更容易将情感从叙述中分离出来。例如：“我非常生气。他是一个没有感情的混蛋，根本不在乎我。”另一种表达方式是：“我感到受伤和愤怒，我觉得自己没有得到关心。”后者显得不那么戏剧化，带有较少的煽动性，明显更加准确，更易于讨论和处理。

杰夫和塔尼娅在这次咨询后更好地理解了彼此的观点。他们的家庭作业是放大内心对话的音量，并觉察自己讲述的关于对方的负面故事。当故事出现时，他们需要暂停一下，像我们在咨询中所做的那样，评估它的合理性。虽然这解释起来似乎有些麻烦，但只要稍加努力就可以在几秒钟内完成。

随着这种练习的逐渐增多，我们有效地打断了将想法转化为感受进而成为信念的进程，这启动了大脑的重塑过程。暂停和放大音量可以使我们远离想法的下意识反应。我们利用了大脑的本能来变化和适应，打破循环并觉察与伴侣相关的认知，随后重塑更积极、更准确的新叙事。在重塑之前，我会帮助来访者回忆他们最初选择这位伴侣的原因。经过多年的负面叙事，爱和同情心的体验往往被掩埋，这也是叙事中被修剪掉的重要信息。我们可以通过感恩练习、慈心冥想、欣赏练习和同情这些练习重新发现这些体验，所有这些都已经被科学证明可以为伴侣带来积极的变化。

从写感恩日记开始

类似感恩日记的练习已经非常常见，几乎可以算得上是必备的治疗工具。通常我会避免使用常见的套路，因为我更喜欢追求新鲜和不同的东西，它们会唤醒大脑，也更加有趣。然而，有时候旧有的标准练习会给来访者带来诸多好处，不能被忽视。对我来说，感恩练习就属于这一类。

随着生活的洪流不断奔涌向前，伴侣们会渐渐转向关注烦人、沮丧和痛苦的事，忘记曾经令他们亲密、甜蜜的东西。如果放任自流，这些想法就会变成感受，并成为一种支配性的叙事。比如：“也许我选择的人并不是那么好。”或“我爱过他，但我不确定我仍旧爱着他。”

为了对抗这些负面的故事线，致力于打造新的叙事，我要求伴侣互相感恩，通常是通过写日记的形式进行，冥想也可以发挥作用。在练习中，我让来访者每天抽出几分钟记录或冥想他感激伴侣的四五件事，可以是任何事，不论大小，只要能在心中创造关于伴侣的积极想法或情感就行。有时，布置感恩日记的作业时，我会听到来访者说：“我以前做过这件事，还行吧，我不太确定这么做是否有用。”对此，我想说你可能做错了。无论是写下令你感激的事还是冥想，你都必须记住，这不是一个记录事实的练习。如果你写下的是不带任何情感的事件清单，那肯定会失败。这是一个旨在触及情感，尤其是关于你伴侣的积极情感的练习。我让来访者感受清单上每一条记录带来的情感。我希望伴侣沉浸在这样的情感中，并要求他们在身体产生积极的化学反应之前不要急于进展至清单的下一项。

研究表明，感恩是健康关系基本和必要的组成部分。这些研究还表明，在相互欣赏的关系文化中，伴侣会体验到更多的信任、尊重和身体联结，拥有更强的承诺感。[30]

慈心冥想

除感恩之外，我还要求来访者进行“慈心冥想”，或称“仁爱冥想”。慈心①意味着对待他人的善意和积极能量，慈心冥想旨在让练习者内心产生仁慈、友善和富有同情心的感觉。他们坐下来，有意识地为生活中特定的人祈求平静、友好、健康和幸福。这种冥想已经有数百年的历史，然而，现代科学直到最近才对它进行研究。慈心冥想已被科学证明能够应对多种心理、情感，甚至身体问题，包括慢性疼痛、创伤后应激障碍、压力、抑郁和焦虑。[31] 对于伴侣，它被证明能够通过增强共情力和同情心来加强关系。在一段充满爱和联结的关系中，共情力和同情心是生命线。我让来访者将伴侣作为慈心冥想的焦点，创造一个关于伴侣的、更具爱意的内心对话。这项练习改变了负面叙事的独白。那些拥有负面叙事的人被困在“想法－感受反馈循环”中（见图 11-1）。在这个循环中，对于伴侣的负面想法反过来成为负面感受，进而支持更多的负面想法。这些想法会导致身体释放负面情绪和感受，从而强化负面的叙事。慈心冥想的练习逆向改造了这个过程。人们通过

① 源自梵语，意为仁慈、亲切、友好、善意和对他人的积极关注。

慈心对伴侣产生积极的想法，然后产生积极的感觉。[32]

图 11-1 想法－感受反馈循环

在“想法－感受反馈循环”中，我们的想法会在身体中产生一种被称为“感受”的化学反应。这些感受又会产生更多的想法，从而引发更多的感受，如此往复。

说一声“谢谢”

在家里，我们常说“谢谢”。如果你喝的咖啡不是自己煮的，就要说“谢谢”。你看到整理好的床铺、干净的厨房或被照顾好的孩子，如果这些不是你自己做的，也要说“谢谢”。在过去 20 年的几乎每一天，我的妻子都会停下手上的事情，温柔地看着我说：“谢谢你为了我们这么辛苦地工作。”

我必须告诉你，我从未觉得这样的感激有丝毫过时，也从不认为它是理所当然的，我总是尽力回应这份感激。当有人对我们或我们所做的事情表示感激时，我们感到被看到、被欣赏和被理解。这是我们家庭和关系文化的一个重要的组成部分，虽然它看似微不足道。

感恩日记和慈心冥想会使人产生积极的感受，进而在伴侣关系中创造更多充满爱意的叙事。至关重要的是，这些温暖的感受需要被表达出来。研究证明，表达感激会给关系带来不可思议的影响，而来访者常常告诉我“他对另一半的爱意陷于沉默、从未被表达过”。随着时间的推移，多巴胺消散，生活压力增加，我们开始忽略这些感激的表达，从而错失了好的影响。向配偶表达感激不仅表示了你的爱和尊重，也表明你意识到他的内在价值和重要性。对于这项练习中的两人而言，感激改变了伴侣之间的叙事，也提醒他们，你正在和一个好人、一个值得投资的人建立关系。[33]

处在挑战性关系中的来访者经常说，虽然他可以看到感恩练习、慈心冥想带来的好处，但内心却不想去做。他会发现自己全然回避或无法完成这样的任务，仿佛有什么在阻碍他。对此，我会问：“有什么人或什么东西在阻碍你吗？”我指的是内心某个人或某个自我部分使他试图回避感激并最终抵触对伴侣敞开心扉。正如我们在杰夫和塔尼娅的治疗中所看到的，应对脆弱的本能防御反应经常会产生，它以保护者的形式出现，倾向于通过坚持负面叙事来主导进程。对于这些伴侣，练习感恩会有些困难，因为这与他们通常的交流方式和氛围相去甚远。在这种情况下，如果伴侣们体验到的是正常的愤怒或挫折，即与精神、情感以及身体虐待无关，请参考第三张练习清单，与回避向伴侣表达爱或感激之情的那一自我部分进行协商。大多数来访者反馈，一旦与这一自我部分协商成功，他们就能够相对轻松地完成练习。

记住“美好时光”

对于杰夫和塔尼娅来说，要做到相互感恩并不轻松。两人都尝试通过正念、感恩和慈心冥想练习来改变内心叙事，但效果并不明显。虽然他们的冲突已缓和，并且两人都已经意识到了自己的负面叙事，但这对夫妻在建立联结和亲密感方面依然面临困难。

一个故事远不能够涵盖伴侣间的全部体验。特别是像杰夫和塔尼娅这样的夫妻，两人已经在一起生活多年，经历了许多重大的人生阶段。总会有一些事件和时刻属于正面叙事，也许这些事件和时刻可能已经被他们遗忘，但治疗师可以利用这些来对他们进行治疗，帮助他们重建联结。这就是叙事重塑的过程：我们搜索来访者的历史记录，寻找叙事治疗师所称的“独特结果”（unique outcome），即获取与当前有问题的情节相反的体验。帮助来访者重塑这些困难的叙事，这意味着帮助他们重新发现自己的独特结果，并将更积极的经历重新整合到他们当前的叙事中。

对杰夫和塔尼娅而言，叙事重塑意味着寻找到杰夫确实陪伴在塔尼娅身边的时刻，以及塔尼娅对杰夫感到爱和敬重的时刻。在练习中，我会要求来访者记住“美好时光”，寻找感受到联结的那些时刻，这可以通过写日记或仅仅在冥想中进行回忆来实现。在办公室里，我会积极寻找来访者的独特结果，鼓励伴侣分享他们过去的幸福时光。我会将当前的负面叙事与更具联结的记忆一起摆出来，让来访者以这种方式回想他们的伴侣，回想两人之间的关系。

回忆这些经历，并用通过感恩和慈心练习所得到的信息来辅助当前的叙事，来访者会在被帮助下试着将问题外化，把自己的挣扎看作一段艰难的经历，而不是伴侣或情侣间关系的决定性因素。一旦叙事被重塑，伴侣之间就能以更具同情心和爱的态度看待彼此。他们往往更能感受到安全，也更愿意建立以心为本的联结。[34]

在与杰夫和塔尼娅一起进行叙事重塑的过程中，我发现了他们关系中的许多独特结果。孩子出生前的时光是充满爱和联结的。有时候，他们会在追忆时开怀大笑。然而，当回忆中不可避免地出现当前的关系状态时，他们会立即怒火中烧，关闭自己，回到消极的叙事中。

当感恩和慈心练习不够用时，当叙事重塑非常困难、两人执着于消极的内心对话时，我指导他们尝试践行不容忍同情。不容忍同情看起来像一个自相矛盾的词，但它揭示了一种通向治愈终点的强有力的联系。举例来说，虽然我不能容忍你说的话、你对我的态度或你做的某件事，但同时，我对你抱有同情：你犯了错误，是有缺陷的，处于艰难的境地，是一个不完美的人。不容忍同情的力量在于它能让我们体验二重性共生的感觉，特别是当我们受到所爱之人的伤害时。在这项练习中，我们可以同时接受好的和不那么好的，不必否认任何一方，这会让我们更接近真相。

应用到塔尼娅的叙事中，不容忍同情意味着同时拥有两个关于杰夫的真相。一方面，她可以不容忍杰夫对自己的抛弃；另一方面，她又对杰夫犯的错误以及在考虑她的体验时的目光短浅富有同情心。对于杰夫来说，这意味着他可以不容忍塔尼娅在孩子出生后给他的待遇，同时同情她作为新手妈妈感受到的挣扎。

不容忍同情留下了希望之门，哪怕只有一线希望。它表明，虽然我受伤了，但我依然可以把对你的爱之光留在心里，并努力与发生的事情和解。对我来说，不容忍同情是伤害和宽恕之间的折中点。几乎每天都会有人到我的办公室来寻找这种宽恕的力量。通常，他们会惊讶地发现自己不知道如何去原谅或宽恕，只能采取一种“假装直到成功”的方式，最终失望地发现负面情绪依然存在。

感恩练习、叙事重塑和不容忍同情可以改变我们的叙事，帮助我们记住伴侣的优点。这些练习可以提醒我们回忆最初为什么会爱上对方，为什么会走进这个关系。在极端有害和虐待的情况之外，叙事取决于我们是否有意愿放大有问题的故事的音量、做感恩练习和慈心冥想、表达感激之情，并最终重塑一个更加充满爱的叙事。杰夫和塔尼娅面临的问题是：哪只狼会得到食物，以及哪只狼最终会胜利。

你成了我曾经认识的人

在咨询访谈的间隙，我倒上当天最后一杯咖啡，发现等待室里没有任何交谈声。熟悉的想法涌上心头：也许杰夫和塔尼娅迟到了，也许他们出了什么事情，也许他们又一次坐在等待室里沉默着，期待着治疗可以消除混乱，让他们重新建立联结。坦率地说，这对夫妇的情况并不乐观，我似乎无法帮助他们达成目标。最近我只是勉强让他们撑到下一次咨询而已。我们没能够找到那种牵引力，我的干预似乎毫无作用。我担心杰夫和塔尼娅可能面临一个无法避免的事实：他们之间有太多的伤痕，两个人的关系可能无法维持下去。

我打开办公室的门，发现塔尼娅独自坐着，显然这非同寻常。塔尼娅从杂志里抬起头，笑了一下，对我说“嗨”，眼神透露出对我感觉的了然。她走进门，坐在我椅子对面的惯常座位上。

塔尼娅的能量发生了变化。我在第一张练习清单中谈到了与伴侣保持同调，即感知和理解伴侣的情绪，以便完全理解他的深层体验。作为治疗师，我们也出于几乎同样的原因与来访者保持同调。除了话语，我还会特别留意他们的非言语信息，例如眼神交流、身体空间、手势、面部表情、体态语等。在扑克游戏中，这些被称为“马脚”（tell），实质上就是指没有通过语言表达的信息。

今天，塔尼娅看起来充满了活力。熟悉的冷静面孔不见了，取而代之的是柔和而温暖的微笑。除了非言语交流，与来访者同调还意味着要阅读他的能量。我们的情绪在身体中产生能量，而能量在我们周围的能量场中获得共鸣。从候诊室到办公室座位的这段时间，塔尼娅的“马脚”告诉我，一些事情已经发生了改变，而且是巨大的改变。

我们互相对视，我问：“杰夫不来了，对吗？”

塔尼娅回答：“没错，他不来了。他说他已经结束治疗了。”

我说：“很遗憾听到这个消息。”心里想着要去联系杰夫，鼓励他来做最后一次咨询。

塔尼娅说：“我们都明白走到这一步的可能性很大。我想你也一直在思考这个问题。你知道我真的想成功，但是到最后，我的内心出现了裂痕，我对杰夫的感觉已经不一样了。我曾经希望我们能够重修旧好，但是我意识到我并不讨厌他，只是不再爱他了。我们决定分开。我们会尽量不请律师，但还是要看看事情发展的情况再做决定。”

前黑旗乐队（Black Flag）主唱、“另类偶像”亨利·罗林斯（Henry Rollins）是我最喜欢的思想者和演讲者之一。罗林斯说：“当你认识的人变成你曾经认识的人时，这很令人难过。”不幸的是，这种感觉通常是难以避免的。塔尼娅陷入了矛盾中，她既因为婚姻结束而感到悲伤，也因为做出必要决定而感到宽慰与自由。

塔尼娅短暂地停顿了一下，低头盯着地面思考，然后改变了话题：“你觉得我为什么无法改变对杰夫的感受，就像你说的，‘叙事’？我的意思是，他是一个好男人、一个很棒的父亲，而且他对我的感觉也没有问题。我真的是那么冷酷无情的人吗？”

“不是的。”我回答。

“好吧，但请相信我，杰夫不这么认为。”塔尼娅眼含着泪水说道。

“塔尼娅，我经常看到这种情况发生。我们受伤时会准备防御。我们开始告诉自己有关伴侣的故事，这些故事常常只有部分是真实的，可能并不特别公正。我曾经说过，当叙事开始时，沟通就停止了，这正是你和杰夫所经历的。你们停止了交流，不再对对方的体验感到好奇，你们认为已经了解了彼此的意图。更糟糕的是，你们让这种零沟通在时间中发酵。怨恨开始的时候，如果没有意识，或者没有由像我这样的人指出你们对伴侣创造了负面叙事，你们就会一再地相信它。这种叙事会逐渐具体，变成一种信念。在你没有意识的时候，你已经变成了‘我不知道自己现在为什么讨厌你，我就是讨厌你’。在那个时候，感觉已经改变了，感觉是非常非常难以恢复的。”

塔尼娅默默地点了点头。

正如“如何在关系中安放自我”这章提到的，我一直不喜欢用简单的小故事总结爱情、关系或生活的自助书籍和治疗文本。在这些故事中，通常是自助大师或心理治疗师说了一些深奥的话，提供了一项干预措施，来访者立即毫不犹豫地采纳，然后一切都得救了。我在学校时，教授们经常用类似的故事作为教学材料。而我坚定地认为，治疗并不总是能像那样干净利落地结束，至少我的治疗不总是那样。给我们提供完美故事的作者、老师和自助大师是在教我们期待好莱坞式的结局，而这在我看来是不负责任的行为。这样的书籍应该像电视购物广告那样带有一小行声明：“结果未必典型。”我们在生活中发现的就是你将在本书中看到的，并不是每个人都能拥有好莱坞式的结局。就像杰夫和塔尼娅一样，有时候夫妻太晚才寻求帮助，有时候浪漫伴侣之间的伤痕太多，感觉已经无法挽回。

作家和心灵导师埃克哈特·托利在他的作品《新世界》（*A New Earth*）中写道：“脑中的声音讲述了一个故事，身体相信并做出了反应，这些反应就是情绪。情绪反过来又滋养了最初创造情绪的想法。这就是未经受审视的想法和情绪之间的恶性循环，这一切导致了更多情绪性思维和情绪性故事的产生。”[35]我们的想法并不存在于大脑的真空之中，我们的大脑和身体之间有一种持续的对话，它最终形成了我们对每个人和每件事情的看法。我们犯的错误是认为自己注定是“想法列车”上无意识的、被动的乘客。

杰夫和塔尼娅在最后一次咨询后不久启动了离婚程序。他们表示自己仍在使用本书中的技巧来建设他们作为共同抚养者的长期关系，并希望有一天能成为彼此的朋友。杰夫和塔尼娅的故事提醒我们，微小的想法可以转化为重要的感受和信念。他们的故事表明，事情不会随着时间的推移而变得更好，事实上，时间才是关键，如果继续让伴侣的失败影响我们的头脑和心灵，我们的关系也将注定失败。每一个想法都会影响我们关系的走向，问题是，你们会像杰夫和塔尼娅一样吗？还是有一天会像那对年迈的夫妻一样，在火车上热切地注视着你希望与之走完一生的那个人？

12

爱的叙事练习

在应对充满问题的故事带来的影响时，重要的是尽可能开发一个丰富、详细和有意义的对立故事。

——弗里德曼和康姆斯

美国叙事疗法大师

叙事可以是不健康关系的解药，也可以是毒药。关注内心的独白可以让充满问题的伴侣故事放大音量，也可以让我们有机会用善良、爱、理解和同情来重塑叙事。

在本章中，你将学习如何倾听和理解自己内心的对话，同时培养对伴侣抱有同情心的能力。请通过进行这些练习觉察你对伴侣的想法和感受发生了怎样的改变。

放大音量

请在接下来的 3 ～ 4 天里反思一下你和伴侣的关系。这种反思可以随时进行，也可以事先计划好。

例如，你可以使用我们在第一张练习清单中学习的 3 分钟正念呼吸作为你的反思时间，也可以选择通过写日记来思考你对伴侣的感觉。密切关注自己的想法、感受和你为伴侣创造的叙事，可以放大你所讲述的伴侣故事的音量。

- 你通常讲述伴侣的哪些故事？
- 你是否使用了绝对化的语言，例如“他总是”或“她从不”？
- 你的叙事是积极的还是消极的？
- 想到你的伴侣或你所讲述的故事，你的身体有什么感觉？
- 是哪一个自我部分在讲述故事？

记住，这是一项收集信息的练习。在这个阶段，我们并不试图改变任何东西，只是觉察情况。诚实是这项练习的关键，所以请尽可能不要讲述你认为应该讲述的故事。

关于伴侣的感恩日记

感恩不是一种想法，而是一种感觉。在接下来的 3 天或 4 天里，请每天花几分钟时间列出你对伴侣真正感激、喜欢或欣赏的 4 件或 5 件事情，可以在你有时间反思和写日记的时候进行。

这项练习的关键不仅仅因为它是列表上的项目，需要划掉它表示完成，而是让它在你内心产生一种感觉。在你进行了三四天的感恩练习后，请停下来觉察你对伴侣以及对你们关系的感受是否发生了改变。

将伴侣作为祈愿对象

慈心冥想的目的是为自己和他人创造一种仁慈、同情、爱和善意的感觉。这项练习旨在为自己、为亲密的爱人、为没有情感依恋的人，比如邮递员、商店职员、街上的人等，还为那些你与之相处时感到困难的人依次祈愿。为了达到我们的目的，至少要将你的伴侣作为祈愿对象之一。这个练习很简单。首先选择一个安静的时刻，然后将你冥想的对象带入脑海中。当想象你的伴侣时，请按照下面的指引重复冥想。像感恩日记一样，这个练习应该是一种发乎内心的体验。尽可能地感受你对伴侣的良好祝愿以及你希望给他带来的所有美好。在接下来的一周里，请随时尝试这个练习，每次只需要花几分钟练习即可。

- 愿我 / 他 / 她 / 他们安全。
- 愿我 / 他 / 她 / 他们健康。
- 愿我 / 他 / 她 / 他们快乐。
- 愿我 / 他 / 她 / 他们没有烦恼。
- 愿我 / 他 / 她 / 他们平静安宁。

重回感激时刻

正如前文提到的，感激之情可以改变伴侣之间的叙事，提醒他们正在与值得的人建立关系。随着时间的推移，我们在关系中变得熟悉，开始走起了捷径。很快，我们忘记了措辞，忘记了注意语气，也忘记了对伴侣表达感激。这项练习旨在帮助你记住你最初选择这个人的原因。在接下来的4～5天里，感谢你的伴侣为你或为你们的关系做的小事，觉察他为你做的努力，让他知道你看到了。除感谢之外，本周还要练习每天注意到关于配偶的 2 ～ 3 件新事物。可能是一个新发型、他辛勤工作的样子、一件新衣服或者他与孩子相处的时间。无论是什么，都要花时间让他知道你看到了这些努力。

叙事重塑

重塑是一种叙事疗法，旨在帮助个人重新定义他对情境的看法。重塑为我们提供了一个机会，使得那些被我们的叙事修剪或编辑过的信息及体验能够被重新获得。请回顾我们“放大音量”的练习，重温一遍当时的叙事，利用在本章中收集到的信息重新撰写关于伴侣和你们关系的新叙事。请觉察你的故事发生了怎样的变化。每当你发现旧故事的某些部分重新浮现时，请问一问自己，这是真的吗？这是公正的吗？这是具有同情心的吗？在接下来的一周里花时间温习你的新叙事，不断重复它，让它在你的身体中产生情感。

The Practice of Love

Break Old Patterns,
Rebuild Trust, and
Create a Connection
That Lasts

第四张练习清单 主动选择

“当我需要你时，你会在那里吗”

我们都有同样的恐惧：当我需要你时，你会在那里吗？知道我们是被选择的，会为可能的危情提供庇护。

——苏·约翰逊

夫妻情绪聚焦疗法的开创者

“好吧，好吧，告诉我你想让我干什么，我会干的，只要别再重复这个对话了！我什么都愿意干。给我个清单，我会照着办。这样就不用再猜来猜去了，我会知道你需要什么！”

伊姆卡转向我说：“你看，这就是我要应对的。”

米切尔迅速回应：“什么，你到底要应对什么？”

“你，”伊姆卡平淡地说，“你，米切尔，我要应对你以及你不愿意听我说话的态度。”

“你在说什么？我听到你说的了，我说我会做你要求的任何事情，只要你告诉我要做什么。”

“米切尔，你难道没看出来吗？我不想老是求着你！我不想老是得求你打扫房子，求你知道我们得买厕纸，或者求你主动一点……我不是你父母！我不想总是得求你为我做事，求你安排约会，更不用说带我去看百老汇演出了！只要不都由我一个人负责，我什么都愿意！”

米切尔试图安抚妻子，说：“如果是家务活的话，我们可以请人来做。至于演出，你知道我讨厌剧院，第二幕还没开始我就会睡着，更不用说还得坐火车来回了。”

伊姆卡试图保持冷静：“不，米切尔，这不是我需要多点帮助的事，而在于你想要帮助，想要帮我，想尽你的一份力，这样我就不必包揽所有的事。这在于你想带我去看演出，不是因为你喜欢，而是因为我喜欢。因为你关心我，关心我喜欢的事，甚至愿意忍受坐火车来回。”

米切尔翻了翻白眼：“你在开玩笑吗？我们几周前才出去吃过晚餐，而且是我安排的。”

伊姆卡摇了摇头：“对，你是建议了出去吃晚餐。你说你想尝尝街上新开的餐厅，但那已经是一个多月前的事了，并且是我订了位子，因为我知道你不会订。我想体验一回有趣的事情，由你安排的事情。”

短暂的安静。

米切尔打破沉默，说：“那斯潘齐餐厅呢？我们经常去，那里很有趣。”

“那是为了你啊！那儿都是你的朋友，你和你的兄弟们一起看体育比赛，一起痛痛快快地喝酒。有时候我觉得你叫我去就是因为你不想自己打车回家！”

米切尔转向我，问道：“医生，你的诊断是什么？”他耸耸肩，向伊姆卡的方向扬了扬眉毛，似乎在暗示我应该明白他的看法。他接着说：“我们在处理的是什么问题？”

“嗯，我认为伊姆卡试图让你看到的一个主要问题是：你没有选择她。”

米切尔的表情告诉我，我的回答让他感到困惑。这不是我们常遇到的伴侣问题。他眯起眼睛说：“什么叫作我没有选择她？我在结婚的那天就选择了她，她就是我选择的那个人！”

“对，”我回答，“你选择了她。你当时是选择了她。你说的是‘选择了’，‘我选择了她’。你可能认为我太过咬文嚼字，但你用了过去时态，说明你可能已经停止了选择。这实际上就是伊姆卡试图表达的观点。在我看来，如果想让浪漫之火持续燃烧，我们必须每天都互相选择，要全天候地选择。我们必须提醒自己，与我们在一起的是我们不想失去的人。如果不这样做，最终我们就会出现在治疗师的办公室。”

米切尔停顿了一下，变得更加严肃了。我猜他能感觉到他的恐惧即将成为现实。我将以他不愿接受的方式挑战他。最终，我会要求他停止本能的逞强，向这个女人敞开心扉。然而，今天还为时过早。我还没有赢得他的信任。米切尔直视我的眼睛，说："我是一个好丈夫。"

米切尔用这句话设定了一道界限。他认为这是一个不可争辩的事实，是不容讨论的问题。然而，为了治疗的进展，我不得不在这一点上挑战他。如果他想要满足伊姆卡的情感需求，我就必须挑战他对做一个好丈夫、一个优秀伴侣的看法。毫无疑问，这是一场控制权的摔跤赛，一场我必须赢的比赛。如果我输了，米切尔将失去对我，同时也失去对治疗过程的所有尊重，而伊姆卡将失去她和她婚姻的支持者。

第一代家庭治疗师卡尔·惠特克（Carl Whitaker）打破了传统心理治疗的规则和惯例。在漫长的职业生涯中，惠特克会有意地在访谈期间睡着，会象征性地为来访者"喂奶"，甚至会禁止来访者说话……他也曾因为与一些颇具挑战性的患者搏斗而闻名。惠特克对此有一段著名的解释，大意是，如果他要与某人搏斗以帮助他改变，不如把这个问题摆到桌面上。[36]

有些来访者是做好准备才来的，也愿意付出艰苦的努力。此外还有像米切尔这样的来访者，他们更愿意由自己来规定治疗的方向，在特定的话题周围设置障碍，并张贴"禁止入内"的标志。对于像米切尔这样的来访者，我喜欢把问题直接摆在桌面上。与其与之搏斗，不如指出来访者正在防御的问题，并让他知道我将不得不时常靠近这些问题。他正在防御的问题和他的感受正是治疗需要探索的地方。对于米切尔这样的来访者，直接明了的交谈有助于在治疗初期建立一定程度的信任，并为接下来日益严峻的挑战做准备。

我指着时钟说："看，米切尔，我认识你们才 30 分钟，所以我和你们两个都还没有建立起足够的信任。话虽如此，你给我的印象是一个有话直说的人，而且你付给我钱也不是让我兜圈子的。我自己同样不喜欢拐弯抹角、浪费你们的时间和金钱，所以我可能会时不时地直接指出你们的问题。这是我的工作，如果不这样做，我就不够称职。不过，米切尔，我相信你是爱伊姆卡的，你的意图是成为好丈夫。然而，作为伴侣，我们不能自己评价自己。尽管你有好的意图，但伊姆卡的感受也同样很重要。"

米切尔思考了一下我的话，然后说："所以你的意思是说我不是一个好丈夫吗？"

我向伊姆卡示意我需要她的意见。伊姆卡回应说："不，米切尔，没有人说你不是一个好丈夫。"

我补充道："没错，'不是一个好丈夫'这个说法很严重，超出了我们讨论的范围，如果我们从这个角度开始讨论，只会让你感到困惑。不但如此，我们还会在这个过程中失去你。我的意思是我不认为伊姆卡感觉自己被你选择了。'不是好丈夫'是对你的评价，像是标签或诊断，而选择是一种你可以培养的技能。"

13

什么使伴侣感到被爱

真正的生活是为他人而活。

——李小龙

参与那些平凡的事

一天下午，我和几个男人坐在纽约一家服装店的等候区里，而阿什莉则在试衣间里试衣服。我相信像这样的等候区是专门为潜在买家的无聊伴侣设计的。等候区通常位于店中间，由排成圆形或正方形的小沙发或者椅子组成。我记得自己当时拿出手机开始刷，不是因为要查什么具体的东西，而是因为坐在我旁边的其他人也在这样做。他们似乎正忙着看橄榄球比分，毕竟这是橄榄球季的周日下午。其中一个人会时不时地大喊“太棒了”或“哎呀”，而后他会不好意思地抬头看看其他人，好像他是在教堂或图书馆里大喊一样。然而其他人并没有被打扰，他们只是想知道那个人在看什么比赛。那个“喊叫者”接着说了一些像“迈阿密”或“维京人”刚刚赢了“爱国者”之类的话。对方听了点点头，然后又回去继续观看比赛。我喜欢过橄榄球，但随着时间的流逝和情感的成熟，橄榄球已经失去了魅力。现在，我认为自己的智商能够理解橄榄球赛，但还没有傻到认为它有任何重要性的地步。对于那些问我为什么不喜欢收看大学赛或职业赛的人，我会回答说，我喜欢做酷炫的事，但不喜欢整个周末都坐着看别人做酷炫的事。显然，这种信念并没有让我成为我的新家南卡罗来纳州查尔斯顿市社交圈中受欢迎的丈夫，因为在这里，橄榄球和信仰以及国家一样重要。

当那些男人看比赛、刷手机时，我四处张望，思考自己是怎么变成这样的。我们的伴侣把我们“托管给手机”，就像对待孩子一样，这样能节省时间，似乎还能避免被托管人在商场里抱怨或发脾气。我突然意识到自己真的错过了一些东西。当阿什莉购物时，我和我的新朋友们坐在一起，错过了和女友相处的时间。那时我刚开始读研究生，时间总不够用。当她去试衣服并要求我“稍等一下”时，我没有什么感觉，但当我再次考虑眼下的情况时，我决定最大化地利用它。毕竟，我为什么不参与呢？与其浪费时间，为什么不把这段时间变得有意义呢？

我站起来，开始在商店里找一些我认为适合她的东西。我不知道我的选择是否符合她的要求，但还是决定尝试一下。当我敲开她的试衣间时，阿什莉看到我手里抱着一堆衣服站在那里，自豪地微笑着。不用说，她很吃惊，不仅是因为我的一些选择，还因为我在努力为她付出。

时装秀开始了。在我们俩的欢笑中，她试穿了所有衣服，其中许多件都是完全失败的，但我必须说有几件是成功的。在这间商店里，我们共处的时间飞快地过去了，虽然听起来很傻，但我们在那天变得更亲密了。

后来，阿什莉回忆说，当我抱着衣服打开试衣间的门时，就像抱着一束野花一样。我努力了，也愿意参与到像购物这样平凡的事情中去，这一切都让她感到被重视。

我爱你，我选择你

在“叙事”中，我说过，你永远不知道灵感会来自哪里。它通常出现在最不可思议的地方，可能是在一堆衣服、裙子和衬衫之中。那个周日下午，阿什莉的表情告诉我，我们之间发生了美好的事情。走回家时，我意识到自己发现了一些东西，它不仅会深刻地影响我爱的方式，也会影响我工作的方式。它很简单，当我们为伴侣做一些让他感到善意、体贴、周到或仁爱的事情时，他会感到自己被选择，而当人感到被选择时，就会感到被爱。如果我能帮助伴侣以对他们个人有意义的方式积极地选择彼此，我就能帮助他们建立更深的联结。

受此鼓舞，我开始阅读和研究任何能支持这些想法的东西。无意中，我发现了情绪焦点疗法（Emotionally Focused Therapy，EFT）和苏·约翰逊（Sue Johnson）的研究①，以及约翰·鲍比（John Browlby）的依恋理论②。为了探究“选择”的概念是否会引起伴侣们的共鸣，我写了一篇文章概述我的想法和研究成果，并将其命名为《为什么我想洗碗？“选择”伴侣在关系中的重要性》（*Why Would I Want to Do Dishes? The Importance of “Choosing” Your Parner in Relationships*）[37]。我的一些朋友、家人、同事和来访者应该会读这篇文章。然而，当阅读次数突破 624 000 次后，我意识到“选择”是一个能引起共鸣的主题。

在文章中，我指出，“选择你的伴侣”不必发生在穿着华服的特殊日子，也不必发生在万众瞩目的时刻。选择你的伴侣发生在无比普通的日常时刻。

① 情绪焦点疗法（EFT）是由苏·约翰逊和莱斯利·格林伯格提出的伴侣治疗方法，其基础是爱情作为依恋纽带的研究。

② 是一种专注于人际关系的心理学理论。它认为幼儿需要与至少一个主要照顾者建立关系，以实现正常的社交和情感发展。

比如深夜，婴儿的哭闹声吵醒筋疲力尽的夫妻，其中一个说："你去睡吧，我来处理。"再比如，激烈的争执中，你极度想赢、想用不光彩的方式战斗时，却说："请告诉我，我在哪方面伤害了你。"

这种选择对于健康关系的形成至关重要，它可以体现在一些简单的事情上，体现在我认为阿什莉穿上会好看的几套衣服中，在米切尔和伊姆卡的案例里体现在购买厕纸或主动安排约会中。伴侣走出自己的舒适区与我们联结的行为会触动我们。在一段关系中，很多小时刻可能会被认为是不重要的、微不足道的，但正是这些小时刻承载着最大量的"我爱你""我选择你"的信息。

选择伴侣的概念相对容易理解。与正念、自我部分或叙事等可能有些神秘或晦涩的概念相比，选择的概念相对传统。它不难理解，当我向来访者提到这个概念时，总有人会说："哦，你是指爱的语言。"在某种程度上，选择的行为与彼此用爱的语言表达相似。"爱的语言"（love languages）这个概念已经深入我们的日常用语中，从流行程度及广泛理解程度来说已经成为我们这个时代的一部分。牧师、作家盖瑞·查普曼（Gary Chapman）的著作《爱的五种语言》（*The 5 Love Languages*）深深地触动了伴侣们的心。查普曼在书中提到我们表达和体验爱的 5 种方式，包括服务行为、接受礼物、身体接触、精心陪伴和肯定之词。[38]

不过，选择行为与爱的语言之间存在着显著的差异。选择并不是孤立存在的，它是更大系统的一部分，因此不仅仅局限于其自身的价值。实际上，选择能够借助并受益于这个系统中所有其他练习的支持。现在，让我们看看第一张练习清单有关正念的知识是如何支持和巩固选择的。

研究表明，仅仅尝试说出爱的语言是不够的。选择练习的有效性取决于伴侣双方在“情感自我调节”方面的能力。[39] 情感自我调节是指我们在考虑长期影响的基础上管理想法和情感的能力，这也是正念的另一种表述。在本书第五张练习清单中，正念和选择不可分割，同时也互为补充。

人并非一成不变，我们都在不断变化。因此，令我们感到被爱的东西也在随着时间的推移和生活的变化而变化。几十年的实证研究表明，持久的幸福和满足感中有一部分源于我们对伴侣不断变化的需求所做出的回应。[40] 相比于固守一种关于伴侣需要如何被爱的固定观念，正念与选择的结合使我们能够意识到伴侣爱的语言的变化。当伴侣意识到你正在跟随他变化的步伐、适应他变化的需求时，会深刻体会到一种被看见、被听见、被理解和在生命旅程中被支持的感觉。

在第四张练习清单中，你将了解到，选择不仅能够帮助我们了解什么使我们的伴侣感到被爱，还能够帮助我们与那些触动伴侣心灵的东西保持同调。这是建立信任的基础，其影响深远，能触及我们最古老的创伤深处，让我们思考为何会爱上我们所爱的人，这同时也是浪漫关系的灵性本质。

14

为什么选择能抚平伤口

我爱你，真的，很爱很爱。我假装喜欢你的音乐品味，把最后一块芝士蛋糕让给你，举着收音机站在你窗外，我用这种让我讨厌你的不幸方式来爱你。所以，选我，要我，爱我吧！

——格蕾

《实习医生格蕾》，第二季第五集

心里有个“爱的储蓄所”

那时，我的调酒师工作已经变得相当机械化了。进门之后，我一边向顾客和服务员打招呼，一边走向餐厅地下室的经理办公室去取钱，并拿上当晚的任务清单。然而，事实证明，那非同寻常的一天改变了我的一生。当我走进办公室时，一位年轻的女子正坐在经理办公桌对面，她有着惊人的美丽样貌，我甚至无法用语言形容。她当时正在接受服务员工作的面试。我们互相问候，四目相望时，我整个人都呆住了。我尽力保持镇定，合起张着的嘴巴，整理好东西离开。关上办公室的门，我抬头看着地下室肮脏的天花板，虽然不信上帝，但我还是忍不住念叨：“真的吗，上帝，这是真的吗？”那是我遇见阿什莉的那一天，是我知道自己遇到了命定之人的一天。仿佛一道闪电直击胸口，我被她迷住了。接下来的几天，我一边试图忘记她，一边打听她下次什么时候来上班。然而，这个时机真的非常不巧，因为当时我已经订婚了。当然，这又是另一个故事了。

现在，当我讲述遇见阿什莉的故事时，会开玩笑地说："这是一见钟情，至少对我来说是。"虽然这个故事大部分是真实的，但有一个方面可能不准确。坦白地说，我认为那道击中我的闪电并不是爱情。回想起来，我觉得当时感受到的是欲望、多巴胺和迷惑爱的混合，除此之外还有一种直觉，它告诉我刚刚遇到了一个在我生命中至关重要的人。真正的爱情不会在一瞬间发生。流行文化告诉我们，爱情会在那些电影般的浪漫时刻像闪电一样击中我们。但我认为，真正的爱情是需要建立和发展的。它随着时间的推移、通过小事的累积逐渐达到高潮并保持下去。而那些小事传递了"我要你""我选择你"的信息。

作家、演说家西蒙·斯涅克（Simon Sinek）分享了他对爱情在伴侣微小瞬间如何发展的观察。他说："她不是因为你记住了她的生日、在情人节给她买了花而爱上你的。她爱上你是因为醒来时你在看手机之前先跟她说早上好。她爱上你是因为你去冰箱拿饮料时没有多问就给她拿了一瓶。她爱上你是因为当你工作顺利而她上班糟心的时候，你没有说'哎哎哎来听听我的一天'，而是放下自己的事情，坐下来听她诉说她的困扰。这就是她爱上你的原因。我不能确切地告诉你是哪一天，也不是你做了什么特定的事。这些小事情的累积，让她在某一天醒来时，好像被按下了某个按钮，突然意识到'我爱他'。"[41]

"选择你的伴侣"是浪漫爱情的秘密配方和基本要素。这就是期涅克在这段话中所指出的，也是我在试衣间里发现的，同样是伊姆卡在米切尔身上寻找的。然而，除伴侣选择我们带来的温暖和愉悦之外，选择练习还告诉我们现在足够安全，可以信任。

像爱一样，信任也不会奇迹般地突然出现。它是经过一段时间，通过选择的行为逐渐建立起来的。这些行为本质上是在告诉对方，你可以依靠我，我会陪伴着你，即使你不在我身边，我也会关心你的幸福。我告诉来访者，我们每个人心里都有一个“爱的储蓄所”。伴侣可以存入，也可以取出。在通常情况下，选择行为是存款。只有当我们有了足够多的爱的储蓄时，伴侣之间才会深深地信任彼此。这是一个可以分享真正的亲密感的地方。然而，那些来找我的人通常在他伴侣的储蓄所里取款过多。可能是像米切尔那样连续进行了一系列小额取款，或者通过一次重大的违约把账户清空了。无论哪种方式，如果我们不通过选择行为存入，就一定会在某个时刻发现自己在这个关系的储蓄所里欠款和透支了。

在多巴胺爆炸后

我把人类大脑在恋情萌芽期中发生的变化称为“新恋情中的多巴胺爆炸”。在这个阶段，伴侣所做的一切都令人惊叹，他说的每一句话都仿佛能成为歌谣。正如我之前所述，大脑中的多巴胺是无法持续产生的，当它耗尽时，人们通常就会感到恐慌。伴侣或个人会寻求咨询，想要了解到底出了什么问题，是他们的感情发生了变化还是犯了什么大错误。我会向他们介绍催产素反馈循环，它可以替代多巴胺爆炸。

催产素是一种由下丘脑合成、由垂体分泌的激素，它在生殖过程中起着至关重要的作用，如在分娩前引发宫缩、促进乳汁分泌以及增强早期婴儿与父母之间的依恋。不仅如此，催产素还被认为与母婴早期联结以及爱侣之间的联结建立有关。由于催产素在社交互动、拥抱或进行性行为时产生，因此又被称为“拥抱激素”或“爱情激素”。早期的研究认为催产素是一种天然的爱情魔药。然而，最新的研究表明，催产素对恋情的影响远不如最初认为的那么简单。催产素并不会突然改变一个人的行为，也不会使你神奇地信任或爱上一个完美的陌生人。然而，如果对方是自己关心的人，它确实能增强你对他的爱、满足感和安全感。大多数研究者认为，催产素有助于降低血压、减少焦虑，同时还能增强慷慨、同情、共情、信任和幸福的情绪。简言之，它有助于创造我们与伴侣之间那种亲密的“温暖舒适感”。[42-45]

伴侣们如何利用这种强大的激素呢？如果催产素在依恋中起着如此重要的作用，那么像米切尔和伊姆卡这样的夫妻有没有可能在新鲜感消退之后定期产生它呢？尽管拥抱和性行为似乎是产生催产素的有效方式，但这些方式并不总是方便或可行。研究发现，善行也能提高大脑中催产素的水平。当伴侣们以亲切、仁慈、充满爱心的方式对待彼此时，催产素水平会上升。[46]这项研究对伴侣们的选择练习有着深远的影响。正如我们所知，选择伴侣本质上就是向对方表达善意。选择的定义就是为伴侣付出努力，做出一些表达“我爱你”的行为，就是用爱的语言来表达。从本质上讲，这是关系的投资。

在两项独立的研究中，研究人员发现：对夫妻关系有强烈个人投资感的参与者，催产素水平有所上升。这可能是由于催产素对大脑奖励途径的影响，也就是说，我们选择伴侣的次数越多，伴侣选择我们的次数也越多，我们由此会产生更多支持那些温暖舒适感的大脑化学物质。这意味着那些练习选择的伴侣，他们有更多的机会在关系中有意识地创造着善意的反馈，并通过经常为对方做好事体验到更多的爱、信任和亲密。我再次强调，关键是要经常练习，因为催产素水平难以通过偶尔的行动来维持，为了让伴侣们在新鲜感消退后享受催产素带来的好处，他们必须经常投资于关系。[47]伴侣们可以通过选择的行为来进行这些投资。我建议伴侣们经常回顾他们的恋爱时光，那通常是一位潜在伴侣为了赢得另一位的心而付出更多努力的时期，那是一个我们不会走捷径、会毫无保留地去表达的时期。我鼓励我的来访者，只要有可能，就去创造那样的能量和关注力。

选择使我们感到被理解

在学习成为治疗师的过程中，我们会自然地发现自己及亲朋好友出现在教材中。教授们会提醒我们不要在学习过程中为自己或亲人诊断。即使有这些警告，我们还是会这么做。我自己就曾在某个下午坐在厨房桌前阅读关于核心创伤的资料时做了这样的事。我开始寻找书中描述的核心创伤和阿什莉经历之间的相似之处。我觉得我无意中拿到了一本关于我们关系的指导书。印在那里的黑体字大致写着：有核心创伤的人的主要体验是，世界似乎是一个危险的地方。

那天下午，阿什莉走进我们位于东村的小公寓时，我知道她的一天过得很糟。她几乎要哭出来。我没有试图解决她的痛苦，而是紧紧抱住她，说："我知道，亲爱的，有时候世界似乎是个危险的地方。"阿什莉的眼泪止住了，她从我们的拥抱中抽身，透过布满血丝的眼睛看着我，审视我的脸，仿佛在确认我是不是过去两年和她一直生活在一起的那个人。她完成了分析，把我拉得更近，把脸埋在我的脖子里。后来她说，她很少体会到如此被爱和被理解的感觉。

这一时刻使我意识到，理解是让人感到被选择的基础。在马斯洛新发展的需求层次理论中，被了解或被理解的需求出现在"尊重需求"和"爱与归属感需求"之间，这些需求是人类生存和发展的基本需求。[48] 当我们试图更深入地了解一个人时，当我们试图理解一个人的体验时，对方的自我感和存在感得到了支持，"我选择你"的信息也得以传递。当感觉到真正被理解时，我们会觉得被认同，很少有事情能比被理解更容易让我们放下心防、愿意建立联结。[49] 研究证实了感到被理解的重要性，表明人们在感受到被理解的日子里生活满意度更高。研究还发现，日常幸福感的波动实际上与每天感受到被理解或被误解的体验相对应。[50] 此外，脑成像研究也提供了进一步的定量证据，证明通过理解伴侣来选择伴侣具有相当的重要性。扫描结果显示，感到被理解会激活与奖励和社交联系相关的大脑区域，而感到被误解会激活与负面情感相关的大脑区域。[51] 这些发现得到了其他研究的支持，研究证明，在冲突中感受到被理解有助于缓解关系中的不满意感。研究人员认为，这是因为理解表明伴侣对关系有所投入，关系也因此得到了强化。[52]

在分析为什么选择伴侣的行为对于建立以心为本的联结如此重要时，一个关键词是“投入”。我们想知道自己是值得投入的，我们的伴侣是会为了赢得我们的心而付出努力的，选择行为是传递这些信息的最佳方式。

爱需要主动传递

没有被传递的爱是“惰性爱”，这是一种沉睡、静止、不活跃的爱。选择行为是我们内心情感的传递方式，是我们用来表达对彼此的爱的工具。尽管这不一定是个新观点，但我相信，爱不仅仅是一种情感，甚至不仅仅是一个名词，它也是一个动词。爱不仅仅是你的感受，也是那些爱意驱使你去做的事情。选择行为是我们情感的翻译，也是伴侣唯一可以真切体验到我们感觉的方式。我的来访者扎克无法理解选择的重要性，他认为自己内心爱妻子就足够了。对他来说，这是理所当然的。因为他娶了她，所以妻子应该理解这个事实。最后，为了尽一切努力帮助扎克理解为什么选择对于一段关系如此重要，我问：“扎克，你爱你的妻子吗？”

他回答："当然爱啊！"语气中透露出他认为这个问题很荒谬。

"她怎么知道呢？"我问。

他仿佛觉得我很傻："因为我有很多爱她的感觉啊！"

我说："那对你来说很好。可是如果这份爱一直藏在你心里，不以她能看到、感知或理解的方式表达出来，她怎么能体会到你对她的爱呢？"

救赎最深的伤口

也许并非显而易见，但事实上我们产生的被爱的感觉是源于对治愈的渴望。这些渴望来自我们伤得最深的自我部分。它呼唤并要求我们在现在的关系中安抚那些在童年或过去的关系中遭受的伤害。这些渴望以我在"识别自我的三种角色"这章中提到的那些常见的基本问题形式出现："我安全吗？""我被爱吗？""我够好吗？""我重要吗？"这些问题是人类经验的基础，它们的答案定义了我们是谁以及我们不是谁。例如，我是一个安全的人，还是一个不安全的人？或者说，我是一个值得被爱的人，还是一个不值得被爱的人？当这些问题中的一个或几个没有得到肯定回答时，我们会经历一种根本性的创伤。这些核心问题和我们最古老的伤口无可否认地与我们想要和需要被爱的方式有关。选择的行为是我们核心问题的答案，也是我们最深伤口的救赎。

正是带着这样的信念，我开始了米切尔和伊姆卡的咨询。在我们的第一次访谈中，我告诉米切尔，伊姆卡没有感到他选择了她。有没有选择不仅仅体现在日常家务或购买百老汇剧票上，更多的是体现在她是否感觉到自己被放在首位。当我们进一步探索伊姆卡的青少年时期时，发现她的父亲是一个身体在场但情感却从未全身心投入的人。他工作努力，为家里提供很好的物质条件，但从来没有让他的孩子感觉自己被放在首位。

因此，伊姆卡接收到的信息是：她不值得父亲的爱。长大后，她在生活中会无意识地不断向他人求证自己是有价值的。伊姆卡的核心问题是：我重要吗？而米切尔却在重复触痛她童年的伤口。当他没有计划约会之夜，没有收拾屋子，没有带她去看演出时，无意中传达了“她并不重要”的信息。

当我解析完选择的复杂性时，咨询取得了进展，米切尔似乎开始有所感悟。在一次访谈中，他说：“现在我明白为什么似乎这些‘小事情’在她眼中如此重要了。我对待她的方式就像她父亲一样，我像她父亲那样行事，可是相信我，我不想变成那个家伙。”

从这一点来看，行动的方向似乎很明确。米切尔只需关注他妻子的实际需求，开始倾听她的渴望，并通过“选择她”的小行动来满足这些渴望就可以了。但随着咨询的进行，尽管米切尔理解选择的重要性，也知道如何让伊姆卡感到被重视，但在咨询室外他似乎仍旧无法践行。伊姆卡一次又一次对丈夫感到失望。最后，她在一次咨询中说：“米切尔，我现在觉得你根本不想做我需要你做的事情。”米切尔和伊姆卡正在经历“爱的禁运”，这一点逐渐清晰起来。

谁应该先改变

“禁运”通常是指两个国家之间禁止贸易商品的一种做法。爱的禁运是我创造的一个术语，用来描述伴侣之间禁止交换“商品”的情况。在一段关系中，交换的“商品”往往是选择的行为，比如善意的话语、给予对方的信任、理解、爱抚、关注、同情和共情。虽然我不喜欢把爱情简化为这样一种交易，但保持得失平衡是人类的天性。只要双方都认为失衡最终会得到纠正，偶尔的失衡就是可以接受的。然而，在那些始终不平衡的关系中，一方总是觉得自己在付出爱，但很少得到回报，这时爱的禁运就会出现。双方会筑起高墙，穿上盔甲，进行消耗战，而这实质上传达的信息是：我会选择你，前提是你先选择我。

这就是米切尔和伊姆卡当时的情况。他们陷入了爱的禁运的僵局。情况并不明显，它隐藏在米切尔的逞强和他对真实感受分享的无能之下。当被问及时，米切尔会说："我很好，我不知道我们为什么会在这里。我对我的婚姻很满意，有问题的是她。"

作为治疗师，我们不仅要考虑来访者说了什么，还要注意他们没有说什么。我们必须退后一步，重新评估，再次提出一些可能在治疗开始时就提过的问题。通常，伴侣双方在第一次接受治疗时并不愿意透露所有的事情。随着时间的推移，在理想状况下，来访者和治疗师之间会建立起信任，这就是觉察明显缺席因素的时机。这些缺席因素通常会引发脆弱感或羞耻感的话题，比如成瘾、愤怒、财务和与性相关的问题。

之前我们只是简单地谈到了性生活，而性是健康关系中非常重要的部分，我认为值得更深入地探讨一下。因为这不是米切尔和伊姆卡当前诉求的一部分，我以为他们的性关系对两人来说还算不错，可以略过。然而，现在看来，它似乎是被刻意避开的话题。当我重新回到性这个话题时，我发现了他们禁运的根源。

我说："米切尔，我们已经谈了很多伊姆卡的需求，也谈了你如何没能满足她的需求。我想知道我们是否可以改变一下方向，看看是什么让你感觉到被爱和被关心，是什么让你感觉被选择。"

他摇摇头，寻找合适的词语："你知道，就像我说的，我很好。我……"

伊姆卡打断了他的话，说："性。是性。性是让他感觉被选择的东西，也许还有我对他说的好话，他也喜欢。我敢打赌，如果他现在诚实的话，他会说我们的性生活不够多。而且我不够主动。他是对的，我不……我不经常主动。”

米切尔对她的坦率报以苦涩的微笑，这是他在这个话题中不愿意看到的坦率，他说：“没关系，亲爱的。”

“是吗，真的没关系吗？”我的语气刻意显得生硬，有点咄咄逼人，“你对你们的性生活和她在其中的参与度感到满意吗？‘没关系’通常意味着我们在保护某些东西，维持一种表面现象，或者试图回避问题。”

米切尔思考了一下，就好像在决定是诚实回答还是继续他的伎俩。“不，我对此不满意。我已经有一段时间不满意了，感觉妻子不再被自己吸引真的很糟糕。”

“感觉你的妻子不再被你吸引，”我问他，“对你来说，这是什么样的感受？”我重复他的话，试图突破他的防御措施。在通常情况下，我们听到自己的话被重复会增加话的分量，也会加深体验。

“你觉得这能对我产生什么影响？这让我很生气！”

我问：“除了生气，还让你有其他感受吗？我想知道还有什么。”

这是第一次，米切尔的脸上露出了柔和的表情：“这让我感觉受到了伤害。真的很痛苦，伙计，非常痛苦……”米切尔的下巴凹了下去，他在试图控制自己的情感。

我问：“你在身体的哪个部位感受到了这种痛苦？”

米切尔指了指他心脏的位置。

“这种痛苦让你想做什么？”我问。

“我不知道。它让我崩溃。”

“它让你感受到被束缚？”我问。

“当然。这肯定不会让我愿意做她想让我做的那些事情。”

现在我们明白了，这就是爱的禁运。它何时开始、由谁开始都尚待讨论。深入洞察并非总是治愈之道，挖掘起源对这对伴侣来说意义不大。我们现在知道的是，禁运正在进行。这对伴侣双方都站在保护墙后面，实际上是在说，当你开始选择我时，我才会选择你。

与他的妻子一样，米切尔在现在的关系中也面临着童年的创伤。小时候，他觉得自己永远无法令父亲满意。无论是成绩、运动还是他选择的朋友，米切尔从未得到过父亲的认可。因此，他在生活中不自觉地希望每个人和每种情况都能回答他内心的疑问：我足够好吗？在成年之后的生活中，性和在成就方面被崇拜成为缓解他渴望被认可的最终手段。同样，我们可能永远不会知道这一切是从哪里开始的，但当伊姆卡无法满足他的需求时，米切尔也会以同样的方式行事，不满足她的需求。

为什么我们爱己所爱

在《让婚姻变简单》(*Making Marriage Simple*)一书中，作者哈维尔·亨德里克斯（Harville Hendrix）很好地表达了这个观点，他写道："浪漫的爱情会让我们深陷于一个人热情的怀抱，最终这个人将触发我们在父母身旁经历的挫败感，但这对我们有益。这样做会让我们童年的伤口浮出水面，得到治愈。"[53] 这种治愈发生在我们直接回应伴侣核心创伤的选择行为中，即当我们深入表面之下回答他们的核心问题时。

我研究生阶段的工作和本书第四张练习清单的很大一部分基础都建立在情绪焦点疗法（EFT）以及苏·约翰逊博士和莱斯利·格林伯格（Leslie Greenburg）的研究之上。在她的书《抱紧我》(*Hold Me Tight*)中，约翰逊博士说："咨询师自身也常常忽略问题的核心。他们只是沿着冰山一路向下探到水面。而我们必须潜入水下去发现基本问题。”[54]

我相信伴侣之间总是有两种对话在进行，一种是表面上的对话，一种是表面之下的对话。表面上的对话关注的是典型的伴侣问题，话题可以包括性、金钱、如何抚养孩子，甚至是今晚吃什么。

表面之下的对话是我们受伤的自我部分之间的交流。这就是我们童年伤口发挥作用的地方。这些对话中，我们会问：你会选择我吗？你会向我表明我是安全的、我是被爱的、我是足够好的，或者我对你来说很重要吗？你会以我需要的方式爱我吗？

当伴侣们来找我时，他们被表面上的问题和细节的噪声所困扰。当我告诉他们，他们争吵的问题和细节在很大程度上并不重要，至少与表面之下进行的对话相比显得微不足道时，他们通常会感到震惊。

表面上的对话，也就是困扰米切尔和伊姆卡的噪声，通常集中于琐碎的家务和性生活。虽然这些问题并非无关紧要，但它们远不如在表面之下发生的交流重要。在表面之下，米切尔想让伊姆卡告诉自己他是足够好的，而伊姆卡绝望地想要米切尔向她证明她很重要。

随着生活的发展，我们尝试不同的浪漫关系，寻找一个合适的人。我们希望这个人足够独特，足够有能力，希望他不仅能令我们的童年创伤浮出水面（正如亨德里克斯所指出的），还能帮助我们治愈这些创伤。对于米切尔和伊姆卡来说，前者是事实。他们确实揭示了彼此童年的伤痛。然而，问题仍然存在：他们是否愿意放下各自的“爱的禁运”并选择对方呢？

我们寻找着已知的爱，希望能找到自己从未有过的那一自我部分，这就是我们被某个人吸引的原因，也是我们爱己所爱的原因。我们迫切地寻找那个能回答我们核心问题的人，那个能够支持和治愈我们伤得最重、最破碎的那个自我部分的人。这种深刻的治愈是通过选择练习实现的，同时也体现了浪漫关系的灵性本质。

治愈古老伤口的药

在浪漫关系中，选择是一味可以治愈我们古老伤口的良药。当我们选择伴侣和被选择时，我们收到的信息是：我们是安全的，我们被爱着，我们足够好，我们很重要。我们通过选择回答这些问题有助于得到疗愈，这样的疗愈可以使我们更接近完整。当我们受伤的自我部分最终得到一直寻求的爱和滋养时，许多人会回到自我之中。我们防御的自我部分现在可以放松了，因为我们终于满足了自己最深层次的需求。虽然这些自我部分在某种程度上可能会一直存在，但我们会更少地受到其影响，因为我们已经成为一个更加整合、更加统一的存在。现在我们能够更多地处于更高层次的意识层面，即智慧的自我部分或健康的自我部分，生活更加轻松。我们不再被恐惧、焦虑、抑郁或愤怒困扰，同时拥有更多的内在和谐和平静。

我知道有些治疗师的工作范围不包括灵性。他们虽然会倾听来访者的信仰，但其职责似乎不包括能量、宗教和形式上的探讨。在我接受的训练中，我被教导说，如果要全面治疗来访者，我们咨询师就必须从心灵、身体和精神的角度来对待他们。作为专业人士，我们有责任在某种程度上谈论灵性问题，或者至少能够为来访者提供这方面的资源。朱莉·温特（Julie Winter）是我在临床工作和生活中最好的导师之一，她是《跳舞回家》（*Dancing Home*）一书的作者，也是海利克斯培训项目的联合创始人。温特说："灵性意识为生命增添了至关重要的元素。它增强了意识的深度，带来了喜悦以及同情、正念和生活力量的体验，这种生活力量是一种带有灵性的积极的创造力量，它与灵性的联结打开了普通事物的神圣之门。[55]

生命中有些体验超越了物理行为本身给我们带来的价值和意义。例如，在树林中散步可能并不会被认为有什么特别，但如果一个人愿意将它视为灵感的源泉，那么它就能成为一种灵性体验。卢·卡瓦尔（Lou Kavar）在他的书《整合自我：精神和心理健康练习的整体方法》（*The Integrated Self:A Holistic Approach to Spirituality and Mental Health Practice*）中提出，“当工作从例行公事和枯燥乏味变为有意义的事情时”“当园艺或绣花这样的爱好变得有价值和愉快时”或“当像分娩的疼痛成为快乐的源泉时”“当跳舞或健身后的身体疲惫变得有目的时”，灵性就会显现。“当文化习俗、食物和图标开始有特别的意义时”“当唱国歌、升旗、唱圣诞颂歌或节日聚餐等不再只是歌曲或日常习惯时”[56]，它们就变得有价值和目的了。我在我的练习中看到灵性在百老汇舞者身上显现，他们在舞台上腾挪跳跃，仿佛受到某种超自然启发。在这里，舞蹈不仅仅是身体的摆动，歌曲不仅仅是配上音乐的辞藻，旗帜也不仅仅是色彩斑斓的布。这是日常生活被赋予意义的地方，这是魔法发生的地方，我们的关系也可以在这里生长。

我的妻子一直是我在神秘事物方面的指导者，她生活在一个有意义、有目的的魔法世界里。有一次，当我玩世不恭地质疑她的超自然体验时，她说：“如果我可以选择生活在魔法世界或平凡世界，我选择前者。”对她来说，每件事情都有更深层次的意义，没有什么事是巧合。

当我站在冲浪板上敞开内心去感受海洋和宇宙的广阔时，我知道还有更多存在于物质世界之外的东西。通过我拥抱孩子或与他们玩耍时感受到的脆弱，通过选择阿什莉感受到的灵魂联结，我体会到了更深层次的意义。

诗人、哲学家、学者约翰·奥多诺休（John O' Donohue）的观点长久地影响着我作为治疗师的历程。我的第一个督导和导师埃琳娜·霍尔（Elena Hall）是奥多诺休的朋友和门徒，她是一位非常有天赋的临床治疗师，完美地将奥多诺休的研究，即神性和灵性在生活中的重要性融入治疗中。在著作《灵魂伴侣：凯尔特智慧之书》（*Anam Cara：A Book of Celtic Wisdom*）中，奥多诺休写道："当你学会爱和让自己被爱时，你就回到了自己灵魂的炉边。你感到温暖，受到庇护，你在自己的渴望和归属之地完全合一。在这种成长和回归的旅途中，对他人的爱是意外的奖励。爱始于关注他人，始于慷慨的忘我行为，爱是我们成长的条件。一旦灵魂觉醒，寻找就开始了，你也无法回头。从那时起，你就被一种特殊的渴望激发，再也无法停留在平庸和部分满足的低地。"[57]

确实，爱我们的伴侣涉及灵性的层面，而选择练习使我们与这种体验联系在一起。然而，为了能够进入这个领域，我们不能只是敷衍地对伴侣做或说"爱的语言"，那样会使我们像奥多诺休所说，"停留在平庸和部分满足的低地"。

如前所述，当我告诉来访者要进行选择练习时，他们经常提到"五种爱的语言"。然而，这些来访者常常无法记住他们的伴侣是1、4、5型还是2、3型。让我们感到被爱和被选择的东西，不可能是一张待办清单，不可能和遛狗、倒垃圾、给孩子洗澡并列。选择练习要求我们有意识地爱伴侣，赋予每一个选择行为以善意、同情、关怀和尊重。简言之，以这种方式选择要求我们赋予任何能触动伴侣内心的行为以意义。对我来说，这是那些动人的电影、诗歌和歌曲背后的灵感，是浪漫爱情的本质。任何从心灵出发的东西都来自灵魂，通过这种方式，选择我们的伴侣成为一种灵性的练习，它支撑我们、治愈我们，将我们与伴侣紧紧地系在一起，让我们踏上一段以心为本的联结之旅。我们可以选择平庸琐碎地生活，也可以选择全心全意地爱。我们可以选择平凡世界，也可以选择拥有魔法。

15

如何用选择深化关系

爱对于人类的生命而言是至关重要的，因为只有爱才能唤醒你内心的神性。在爱中，你成长并回归于自己。

——约翰·奥多诺休

爱尔兰作家和哲学家

让爱重新流动

“你们信任彼此吗？”

米切尔和伊姆卡互相看了一眼，笑了笑，然后又看向我。

“我是认真的。”这次我的语气更加强烈了，“你们信任彼此吗？”

伊姆卡首先回答，仿佛我的问题很傻似的：“是的，莱尔，我信任我的丈夫。”

米切尔接着回答：“我当然信任伊姆卡。”

我点了点头，说：“我不相信你们。”

这对夫妻已经跟我相处了很长时间，他们了解我的治疗方式。他们知道我是在表达某个观点，不需要太过较真或感到被冒犯。

“我的意思是，我知道你们在重要的事情上互相信任。伊姆卡，我认为你相当确定米切尔不会欺骗你，所以你相信他不会跟别人私奔，对吧？而米切尔，你相信伊姆卡不会有什么可怕的赌博问题，也不会卷走家里的钱。”

两人都点头表示同意。

我继续说：“但是，我并不认为你们内心真的信任对方。因为我认为在这段关系中，所谓的伤害已经消失了，这是因为你们中没有人愿意选择另一个人。每当这种情况发生时，你们之间的壁垒都会变得更厚。”

从他们惊讶的表情中，我能够看到两点：两人都知道我是对的，同时他们也明白我所说之事的严重性。

如果经常练习，选择可以通过消除爱的禁运来重启爱的流动。通过重新展示对彼此友善的言辞和爱的行为，米切尔和伊姆卡可以依靠催产素的产生来重建信任，并深化彼此的关系。此外，选择可以使他们充满惰性的爱变得积极，并为他们提供疗愈自己内心深处的创伤的机会。然而，在所有这些之前，我们必须回到开始，从第一、第二和第三张练习清单开始。直接进行选择对于他俩或类似他俩的伴侣来说行不通。对于存在怨恨和缺乏温度的关系，双方都已实施着爱的禁运。选择的行为最终会被证明是徒劳和无意义的，会在类似“太忙了”或“我忘记了”这样的借口之下很快被丢弃。

在接下来的几周里，米切尔和伊姆卡在第一到第三张练习清单的指导下开始启动正念、探索自我和学会叙事。通过启动正念，两人开始觉察自己的想法和感受，开始能够摆脱对彼此的本能反应。当他们培养出观察自己内心体验的能力时，我让他们将注意力转向与彼此同调。就像奥多诺休说的：“爱始于关注他人，始于慷慨的忘我行为。”[58]对伴侣保持正念同调是使对方感到被选择的关键之一。当米切尔和伊姆卡以这种方式更多地关注彼此时，他们变得不再关注自己未得到的，而更多地考虑自己能提供什么。此时，我会模仿约翰·肯尼迪，告诉前来咨询的伴侣：“不要问你的关系能为你做什么，要问你能为你的关系做什么。”

在这一系列练习的基础上，米切尔和伊姆卡开始了解自己在亲密关系中出现的各个自我部分。两人都惊讶地发现自己内心的防御者出现得如此频繁。这些自我部分维护着他们之间的壁垒，滋养着禁运，让他们无法感受到脆弱的联结。

米切尔表示，每当他感到被要求时，他防御的自我部分就会站出来。他说：“我注意到我的身体紧绷，我只想说‘不’。而且我意识到‘不’的对象实际上是那些我并不介意做的事。我的意思是，我内心的某个自我部分是真的想让她高兴，但这一自我部分没有得到施展机会。”

伊姆卡也意识到了她防御的自我部分可以多么冷漠和绝情。她说：“当米切尔没有做我想让他做的事情时，他会受到惩罚。如果我的需求没有得到满足，我会变得冷漠。他告诉我他在工作中经历了一些很棒的事，我不会有任何回应。当我处于这种状态时，我什么也不会给他，没有支持的话语，没有鼓励，没有任何能带给他正向感受的东西。当我开始防御时，性生活？想都别想！这个自我部分甚至不知道性生活的存在。这就是一种‘滚远点’的态度。”

跳出表面对话的噪声

在探索自我的练习中，我们深入分析了米切尔和伊姆卡关于彼此的叙事。米切尔发现自己在讲述关于伊姆卡的故事时充满了愤怒和怨恨。他说：“老实说，我发现我会自言自语地说诸如‘我讨厌你’的话。事实上，我不讨厌她，我爱她。但有时她会变得冷漠，让我感到孤独和被抛弃。而且无论我做什么，好像都不够好。无论我尝试做什么，她总会指出我没做好的那部分。”

和米切尔一样，伊姆卡关于丈夫的主要叙事也来自她防御的自我部分。她说：“当我做这个练习时，我听到自己说：‘你对他来说不重要，他并不是真心实意地爱你。他迟早会离开，因为你对他来说不够重要，他不会留下来。’我对自己内心讲述的故事感到震惊。”

通过前三张练习清单，米切尔和伊姆卡开始放慢节奏。他们花时间梳理各自的想法和感受，了解自己那些妨碍选择行为产生的自我部分和叙事。随着我们工作的进展，他们逐渐学会避开令许多伴侣陷入困境的噪声和刺激，回归对联结、同情、共情和脆弱性保持开放的自我部分中来。这是一个关键的转折点，他们各自的需求开始从强制性的任务清单转变成为伴侣创造爱和意义的机会。

米切尔说：“以前，就算我去做她需要我做的事，最多也只是勉强地去做。我做这些事是因为知道必须这么做或者不想惹她生气。现在我可以说，我做的这些事里有爱的存在。”

我问：“那么，有什么不同吗？如果她的需求没有改变，而你实际上做的事情也和从前一样，有什么不同吗？”

米切尔回答：“行动背后的感觉不同。我不骗你，当你第一次说这些的时候，我觉得这太傻了。但事实证明，每件事，每一件很小的事都可以成为我选择你的信息。现在我做事情不是因为我必须做，而是因为我想看到她眼中的光。”

伊姆卡补充说：“这项工作，特别是爱的练习，唤醒了我们内心的某些东西和我们的浪漫情怀。现在我感觉自己更愿意去做那些可以让他感到被爱的事。我们都是人，负面的想法和感觉还是会出现，至少对我来说是如此。当它们出现时，我会提醒自己，我可以选择他，而不是选择那些想法。他值得我这么做。”她笑了起来，继续说：“我承认，当他做一些支持这些想法和感觉的事时，这一切会变得更容易。”

米切尔和伊姆卡正在学习选择彼此：去爱和让自己被爱。通过这样做，他们与“更多的东西”产生了联结。他们跳出表面对话的噪声，终于看到了彼此，不是尖酸刻薄的批评者或愤怒的防御者，而是一个内在小孩正在问“我够好吗？”“我重要吗？”。他们发现，选择彼此提供了拥有魔力的可能。在最基本的层面上，“爱需要好奇心”，爱需要对伴侣的痛苦、他们在成长中没有得到的东西以及他们的核心问题充满好奇。这样的爱，邀请着无私、慷慨和仁慈的参与。所有这些都是通过选择彼此获得的回报，但选择并不是一次性的，它是一种思维和生活方式。因此，现在，我邀请你去练习。

16

爱的选择练习

完整性并非通过切断自己的一部分自我来实现，而是通过融合对立面来实现。

——卡尔·荣格

这些练习让我们思考两个问题：如果你知道什么能让你的伴侣感到被爱，却不去做，为什么？如果你不知道什么能让你的伴侣感到被爱……为什么你会不知道呢？

与伴侣共同完成选择清单

这个练习的目的是让你和你的伴侣明确哪些行动会让对方感受到关爱。你们需要列出两个清单：清单一包括 4 个行动，当你的伴侣执行时，你会感到被爱、被关心或被选择；清单二也包括 4 个行动，当你执行时，你的伴侣会感到被爱、被关心或被选择。

请你们各自准备好一张纸和一支笔开始在方框中打钩。

清单一：适用于我

当我的伴侣采取以下行动时，我感到被爱、被关心或被选择。

- ☐ 他整理床铺。
- ☐ 他计划一个约会之夜。
- ☐ 他照顾孩子们，让我可以拥有一些安静的时间。
- ☐ 他吵架后主动联系我。

清单二：适用于我的伴侣

当我采取以下行动时，我的伴侣感到被爱、被关心或被选择。

- ☐ 我寻求身体接触。
- ☐ 我告诉他我多么为他自豪。
- ☐ 我用礼物给他惊喜。
- ☐ 我自觉地叠衣服。

练习步骤

- 留出 45 分钟～ 1 小时的时间与你的伴侣一起完成这个练习。
- 列出 4 个让你感受到被爱、被关心或被选择的行动。
- 列出 4 个让你的伴侣感受到被爱、被关心或被选择的行动。

- 现在将你的清单一与你的伴侣的清单二进行比较。比较你感到被爱、被关心或被选择的行动清单以及你的伴侣认为让你感到被爱、被关心或被选择的行动清单。你的伴侣回答得如何?
- 现在将你的清单二与你的伴侣的清单一进行比较。评估你的表现。

- □ 你是否正确写出了你的伴侣清单上的大部分内容?
- □ 你是否定期进行你的伴侣清单上的某些或全部行动?
- □ 你认为他感到被爱、被关心或被选择的那些行动，你的伴侣是否认同?
- □ 如果你明知道哪些行动能使你的伴侣感到被爱、被关心或被选择，而你没有去做，是什么阻碍了你?
- □ 如果你没有正确写出你的伴侣清单上的很多内容，你知道原因吗?

对自我部分保持正念

完成了以上的选择清单后，你可能会发现你知道什么事会让你的伴侣感到被爱、被关心或被选择，但并没有去做。或者，你可能会发现自己并不太知道那些能让你的伴侣感到被爱、被关心或被选择的事是什么。

无论哪种情况，都很可能是因为你的某个自我部分在阻碍你选择你的伴侣，可能是你的内在批评者或保护者，这便是心灵的隔间。能够参与本练习意味着你能认识到这一自我部分的存在以及他对你们关系产生的影响。在觉察这个防御的自我部分后，我们接着按照第二张练习清单的步骤进行，与这一部分的自我进行协商，并要求其退让。

花些时间回想你在选择清单练习中的感受，或你对于选择你的伴侣这一概念的感受。停下来，正念地觉察你的感受。

请问自己以下问题：

- 你的身体有何感觉？
  - ·是否有紧张感？
  - ·是否有焦虑感？
  - ·是否感到任何压力？
  - ·是否感到想说“不”？
- 你身体的哪个部位体会到这些感觉？你是否感到：
  - ·喉咙里有阻塞感？
  - ·胸口负担沉重？
  - ·胃部感到不适？
- 这些关于选择的感觉让你想做什么？
  - ·它们让你生气吗？
  - ·它们让你感到冷漠、冷酷或空虚吗？
  - ·它们让你想要逃避吗？
  - ·它们让你想批评自己的伴侣吗？
- 如果你通过肢体语言或手势来表达这些感受，会是什么样的？你的肢体语言或手势是：
  - ·防御性的？
  - ·保护性的？
  - ·尝试掩盖？
  - ·划分界限的，像是举起手来推开？

如果你有以上任何一种情况，我们可以认为你内心有一个保护者正在阻碍你选择你的伴侣。现在重要的是要给这个自我部分命名并与之协商。

命名和协商

这一步骤可能看起来有点多余，像是前一步的重复，但实际上并非如此。命名不仅仅是意识到防御的自我部分的存在，更是正式向自己宣布这种现象正在发生。需要重申的是，命名是一个简单但有力的行为，它大声说出当下正在发生的事情，同时为你和你的保护者之间创造空间。这背后的理念是，当我们能够为一种体验命名时，就不会过度地与这种体验纠缠在一起，我们有了与之分离的空间，通过这个空间，就能够找到新的视角。

练习步骤

- 花些时间思考阻止你选择伴侣的那一自我部分。
- 尽可能地想象你自己的这一自我部分。也许在你的脑海中看到它坐在你对面。
- 现在对自己说，或在日记中写道："我看到了你，你是我的保护者（或者你是我的内在批评者），我知道你一直在做什么。"
- 觉察这一自我部分并命名它之后，现在是时候与自己的这一自我部分进行协商、使其让步了，这样你才能开始真正选择你的伴侣。在命名之后，对自己说或在日记中写道："我知道你一直在努力保护我，我看到了你为我所做的一切。你做得非常出色，但我需要与____________（你的伴侣的名字）建立联结，以维持这段关系。我需要你让步，我需要你让我去爱和被爱。"你可以根据自己的需要确定对话内容，你知道你的这一自我部分需要听什么才能满足你的要求。重要的是，要承认你的这一自我部分尝试为你做的事，并正式要求其停止阻挠你全身心地爱你的伴侣。

打破禁运

你是否处于一种爱的禁运中？你是否注意到你和伴侣之间的爱意、温暖的话语或身体的亲密行为已经被明确禁止了？你是否有一种感觉或感受，例如，是否只有在他开始选择你时你才会选择他？你和伴侣之间的空间是否冷酷、冷淡或不友好？如果你正在经历这些情况，那么很可能出现了爱的禁运。禁运为浪漫伴侣之间的关系提供了两种选择：要么你的生活停滞不前，缺乏爱、同情、共情或理解，要么你们的关系从内部腐烂，最终瓦解。

伴侣之间的一些禁运可能是“自我部分的禁运”，意味着某个自我部分并没有渗透到整个关系中。这种禁运可能仅存在于关系的某个领域，例如身体接触或情感联结。我在个人生活和职业生涯中都见过这样的伴侣，他们很少互相触碰，待在一起是因为这被认为是应该做的。他们之前很可能没有太多温情，彼此之间的联结非常脆弱。

“下注”（anteing up）意味着打破禁运并选择你的伴侣。这意味着你们达成共识，去做那些被禁运暂停了的事情。我并不建议任何人做那些令自己感到不舒服的事情。我要求我的来访者用正念决定是否愿意率先打破禁运。当我这样建议时，我经常听到：“对啊，我试了，没有用。我没有得到选择的回应。”有时候，“下注”只是大声说出来，也就是明确地说出我们处于爱的禁运中，或者我们在关系的某个领域里克制了爱，并且我想让这一切停止。以这种方式“下注”可以说：“我看到了我们对彼此做了什么，我认为我们需要寻求专业帮助。”所有这些都可以打破爱的禁运。

练习步骤

- 以正念觉察禁运的存在。花些时间思考你在关系中对伴侣和对选择的感受。像之前的练习一样，觉察你身体的反应。你是否有以下感觉：
  - 克制。
  - 我不想。
  - 你选择我之后我才选择你。
  - 我厌倦了一直都是我在承担所有的工作。
- 命名它，并告诉你的伴侣。
- 决定是否可以或是否愿意率先打破禁运。
- 寻求治疗师的帮助来重新建立联结。

觉察你的叙事

正如你现在所知，我们给自己讲述的故事会成为我们的感受，最终成为我们关于伴侣是谁或不是谁的信念。与我们的自我部分一样，我们的叙事也可能妨碍我们去爱、去关心、去选择，也可能妨碍我们最终选择伴侣的能力。就像米切尔和伊姆卡一样，两人都构建了让他们无法爱和被爱的叙事。一旦关于伴侣的故事变得苦涩，你的仁慈和同情心也会随之消失。当叙事开始趋近于“他总是”或“她从不”时，我们从慷慨和善良出发去思考和行动的能力会受到严重损害。这个练习的目标是发现有问题的叙事，将它的音量放大，并重塑成更积极的故事情节，为选择铺平道路。

接下来的 3 ～ 4 天，当选择你的伴侣的机会出现时，请注意此时你脑海中的叙事。

练习步骤

- 阅读你的伴侣的“选择清单”，或者想想什么会让他感到被爱、被关心和被选择。尝试去做或想象做一些这样的事情。
- 写下或大声说出你脑海中的想法或叙事。例如“我不想……”“为什么我要……”“他从来没有……”。
- 你是否觉察了绝对化的语言，比如“他总是”或“她从不”？
- 你的叙事滋养了爱和慷慨的感觉，还是防御和退缩的感觉？
- 想到选择你的伴侣会让你的身体有何感觉？
- 觉察你的叙事是否具有友善、同情心、公正或包容的特性。
- 你的叙事有哪些固有的主题？
- 列出所有负面的叙事。

重塑和选择

在最初构建叙事时，我们通常是无意识的。我们内心的对话往往来自防御的自我部分，我们会省略或修剪掉叙事中的重要信息。由这些叙事产生的感觉会阻止我们发自本心的行动。通过叙事重塑，我们打开了此前关闭的心灵，从而有机会选择我们的伴侣。

练习步骤

- 思考你刚刚创建的负面叙事清单。
- 邀请一个更具善意、更明智的自我部分来参加这个练习。
- 如果你觉得有困难，请进行第三张练习清单中的感恩或慈心练习，帮助自己把这一自我部分请出来。

- 尽可能地从善良、同情、共情和宽容的角度重塑你的叙事。
- 思考你的叙事是如何改变的。
- 从新的叙事和新的角度出发，重新思考你伴侣的选择清单。注意你是否更愿意做清单上的事。

请注意：如果你们之间存在无法改变的仇恨或有人遭受过精神、情感和身体上的虐待，这些练习不会起效。我不建议你做。

更多练习，感官记忆

无论是在舞台上还是在摄像机前，演员们经常使用感官记忆练习在需要时唤起真实的情感反应。通过感受一个特定记忆，我们可以释放情感。想想你是不是曾经听到一首歌、闻到一种熟悉的气味或看到一部老电影，然后感慨道："天啊，这勾起了我的很多回忆！"这些体验不仅带来回忆，还有感受。以下是我从自己的演艺生涯中借鉴的一种技巧，可以帮助伴侣们记住"曾经"拥有的魔力。

练习步骤

- 列出任何让你对伴侣产生温情和爱意的电影、诗歌、歌曲、记忆片段或地方，我们将这称为你的"对象"。
- 花些时间听、读、看或在脑海中观摩你选择的对象。
- 觉察你的想法和感受。
- 允许自己深入记忆，深深地感受那些涌上心头的情绪。
- 有了这些感受，从伴侣的选择清单中选择一件事执行，或想象自己执行这件事。

- 从这里出发，体会选择伴侣让你的身体有何感觉。
- 思考由目标对象产生的感受如何影响你的尝试。
- 当你从这个以心为本的地方出发执行任务时，注意伴侣的反应。

The Practice of Love

Break Old Patterns,
Rebuild Trust, and
Create a Connection
That Lasts

第五张练习清单 承担责任

“我可以先来保护你吗”

我们大多数人都像儿童或青少年，我们相信成年人的自由和权力是我们应得的，但对成年人的责任却没有多少兴趣。

——M. 斯科特 · 派克

美国著名作家、心理治疗大师

“我觉得你爱我，但我不确定你有多爱我。有时候我觉得你并不是很喜欢我。”梅说，她的语气像点菜一样平淡。

凯以同样的语气说：“我也觉得你不太喜欢我。我感觉你经常对我感到失望或不满，我好像永远也做不对。如果你能尝试与我沟通……”

梅打断了他的话：“好吧，如果你能给我一个信号表明你愿意这样做，我也会试着这样做。”

这时我插了进来，指着他们俩说：“就是这个！你们俩终于说出来了。”

两人都有些困惑。梅问：“是什么，我们说了什么？”

“‘如果你能’，你们的关系已经陷入了‘如果你能’的泥潭。”我接下去直接对梅说，“按照凯的说法，如果你能试着和他建立联结，那么一切都会好起来的。”我转向凯，进一步强调我的观点，“而凯，如果你能给梅一个信号表明你愿意和她沟通，那么一切都会变得像童话一样美好。”

两人默默无语。我继续说：“事实上，你们两个都没有根本性的错误，也未必不合适。我认为你们有个人责任的问题。你们两个都试图逃避对关系、对彼此的责任。我已经观察一段时间了，你们不断地互相指责，而且都不想承担任何责任。你们两个都在等待对方做得更好。我想问一个问题，我们来这个地方多少次了？”

“什么地方？”梅问。

“就是这个地方。”两人看起来都很困惑。

“你们不觉得这是一个固定模式吗？这是我们第三次一起经历这个。”我可以看出来他们的表情仍然很困惑。

我把答案告诉他们：“当出了问题时，你们会打电话给我。我会帮助你们平静下来并处理问题，尽可能地缓和紧张的局势。现在，过去的经验告诉我，在这次咨询结束后你们会走出那扇门，直到问题再次爆发我才会见到你们。相信我，问题会再次爆发，因为你们两个都不愿意承担责任，不愿意为让这段关系变得更好而负责。”

17

什么是关系里的责任

所有行为都会产生后果。宽容意味着在救赎的一刻承担责任、弥补过失、请求宽恕。

——玛丽安娜·威廉森

美国畅销书作家

找到潜在的深层问题

有时候，我会遇到一些我所谓的“快餐治疗”来访者。这些来访者的目的是修补漏洞或扑灭火苗。他们寻求立竿见影的、具有战略性的干预措施。通常，他们来访的原因是有一个非常尖锐的核心问题。然而一旦他们获得了必要的洞察或技能，就会从咨询室消失，只有在问题仍然存在或有其他问题出现时，我才会再次见到他们。我并不是在暗示“短程治疗”（brief therapy）不好。短程治疗是一个通用术语，用于描述许多经过深入研究的可行疗法。这些方法既是短程的，又是解决问题的。对我来说，快餐治疗和短程治疗之间的区别是，快餐治疗的来访者要么确定，要么能感觉到现有的问题背后有一个更大的问题，这个问题超越了他们前来解决的问题，这个背后的问题是一个双方都害怕面对的问题，有一种隐含的默契使他们只能深入一定程度。这些来访者只能舒适地停留在表面，避免去扰乱潜在的更深层次的问题。凯和梅就是对他们的问题浅尝辄止。他们是一对跨越种族的进取型伴侣，家人都爱他们并支持他们的婚姻。这对伴侣现在面临的是长期关系中的日常问题。正如我在前文中所说的，这是我们第三次一起进行这个“舞蹈”，如果算上我们的第一次相遇，这就是第四次了。他们寻求专业帮助最初是因为两人总是重复发生争吵而似乎从未找到过解决的办法。随后，他们来解决“沟通问题”。这个最新的问题涉及凯与一位同事之间暧昧的短信沟通。对我来说，所有这些问题都是另一个更大问题的症状，这个更大的问题就是个人责任。

凯和梅争吵的方式尖刻而冷酷，这点显而易见。他们无法进行有效沟通，这也显而易见。凯需要从另一个女人那里寻求外部关注，这是事实。他们未能在更深层次上建立联结并真正在彼此面前展现脆弱，这也很明显。像许多伴侣一样，凯和梅在这方面只能走到这个程度。

他们要么使用“如果你能”之类的句子将责任归咎于对方，要么将责任转嫁给我。凯和梅会在他们“陷入困境”时找我，就像找救援员一样。他们走进门，直接说：“是时候调整一下了！”或者“好了，莱尔，施展你的魔法，让我们和好吧。”一旦危机得到化解，治疗就会停止，而更重要的问题是他们总回避谈责任。

对于像我这样的极客治疗师（therapy geek），欧文·亚隆（Irvin Yalom）的书《存在主义心理治疗》（*Existential Psychotherapy*）是治疗奥义的宝库，在我看来，它应该出现在每个临床治疗师的书架上。在书中，亚隆详细讨论了来访者对自己的生活、治疗以及疗愈责任的重要性。他说：“承担责任是治疗改变的先决条件。如果一个人相信自己的处境和异常是由别人或某种外部力量引起的，那么致力于他的个人改变有什么意义呢？”[59] 就像我见到的许多伴侣一样，凯和梅非常愿意在他们的关系中做出积极改变，但前提是伴侣有责任先做出改变。

从被动语态转换到主动语态

总的来说，个人责任有许多不同的含义、内涵和意义。当我们说某个人是负责任的人时，意味着他是有原则的、可信赖的和可靠的。个人责任还包含了一定的道德、法律或财务责任。在企业界，负责任的人被认为是能够完成任务的人，是一个领袖，是值得效仿的人。

理论上，大多数人都愿意为自己的行为负责，特别是对于积极的事情。例如，我们很乐意为工作中成功的演讲、带来美好回忆的家庭旅行或使某人一天变得更加明亮的善举负责。然而，个人责任还有另一面。“个人责任”是一个会带来多样感觉的术语，这些感觉并不是全然积极的，在伴侣关系中更是如此。个人责任在伴侣关系中往往更像是责备或揭发。这种类型的责任不太像是值得追求的美德，而是一种需要尽一切可能避免的东西，特别是当伴侣受到伤害时，另一方往往会觉得这个伤害不是出于本意，所以不是自己的责任。

大多数人并不知道，学会承担生活和关系中的个人责任是一种非凡的力量。当我们最终学会在各种情况下对自己承担百分之百的责任时，就拥有了同情、共情和认可的力量，这不仅可以帮助我们理解自身的经历，还能帮助我们对伴侣的经历有深刻而持久的理解。在练习承担个人责任时，我们可以重获对自己的掌控，将生活中发生的情况视为自己选择的结果，视为彻底成长和学习的机会。承担个人责任是一种从儿童到成人的成熟过程。记者、作

家悉尼 · J. 哈里斯（Sydney J. Harris）说：“直到我们从被动语态转换到主动语态，也就是不再说‘它被弄丢了’，而是说‘我把它弄丢了’，我们才真正跨越了儿童和成人之间的微妙界线。”[60]对我而言，这就是个人责任的本质。然而，除了承认我们所做或所说的，并学会适时地道歉之外，个人责任作为关键和根本性的练习，还为其他 4 张练习清单的铺展奠定了基础。

当我最初创建这种工作法时，只有 4 张练习清单：启动正念、探索自我、学会叙事和主动选择。在第一次尝试中，我感觉缺少了一些东西。这些都是非常出色的练习法，但单独看来，它们与已经存在的许多其他形式的治疗没有什么不同。最初的这些策略需要的是一种推动力、一种催化它们行动的力量，而这种推动力就是个人责任，它是一个明确的呼吁，一种对自己和伴侣的承诺，承诺要在需要这 4 张练习清单的时刻使用它们，不仅是在轻松的时刻，还要在最不情愿的时刻，比如在内心极度想要指责他人、推卸责任或扮演受害者的时候也要使用它们。

当我们结束本章时，请注意这个概念对你的影响。它让你想到了什么？它让你感觉如何？如果有的话，它会让你想要做些什么？对于一些人来说，在关系中承担个人责任的想法令人怯步，甚至是可怕的。然而，接下来，你将会了解到个人责任对浪漫关系的健康发展有多么重要。

18

在承担个人责任中实现成长

只要你与症状对抗，它就会变得更糟。如果你对自己所做的事负责，包括你如何产生症状，如何生病，如何存在……当你与自己接触的那一刻，成长就开始了，整合也开始了。

——弗里茨·珀尔斯

格式塔疗法创始人

沸腾的锅

为人父母的经验使我成为鉴定尖叫的专家。也就是说，我能从儿子尖叫的音调、音色和情感色彩这几方面判断他的疼痛、危险或压力程度。从此刻后院传来的尖叫来看，没有人掉胳膊，也没有人大出血，至少目前还没有。没错！我可以继续待在这里，喝完我的啤酒，和来访的朋友聊天……我可以自在地等里面的女士去处理。无论发生了什么，我相信一切都没什么大碍。后来，哭声和尖叫声停止了。瞧，我是对的，或者说我自以为是对的。

当我最终穿过后门走进厨房时，我发现厨房里升温的不单单是晚餐。阿什莉正用一种并不常见的方式看着我，这表明她很生气，可能还带着些失望。“所以我猜你一定是没听到任何声音吧？”她语气严厉，而且颇为冷淡，我不太习惯。在通常情况下，无论发生什么，阿什莉都信任我。我能感觉到她正在努力不要责备我，但我内心的防御机制立刻就启动了，内在的战士接管了局面，于是我说了这句话：“据我所知，你也会说话吧。”当这句话脱口而出时，内在的另一个自我部分仿佛苏醒过来，另一个自我部分清楚地知道为自己辩护有多么愚蠢。就像电影中的慢镜头一样，一切都变得缓慢起来，我脑海中的话语和声音变得又长又低沉：“不不不！你你你在在在干干干什什什么么么！”这时我最想做的就是把话收回喉咙里。

阿什莉的背挺直了，眼睛也眯了起来。表面上她似乎准备好了要战斗，但内心深处却受到了伤害。为什么她不应该感到受伤和愤怒呢？在相处的15年中，我们有过争吵，但在关系中，我们建立了充满爱和相互尊重的文化。我刚刚说出口的话是对我们之间协议的违背，无论是口头的还是实际上的协议。接着阿什莉做了一件我很少见她做的事情。她转过身，想要离开房间，不是因为输了争吵或者生气，她离开房间是因为那晚在厨房里，她是唯一的成年人。她不想说或做任何她以后需要道歉的事。她正在承担个人责任。

当阿什莉转身走出厨房时，我终于清醒过来。“你在做什么？”我问我自己。在那一刻，我举起手来说：“等等！”她没有停下来，我重复了一遍：“等等，请等一下！”她前进的动作终于停止了，但没有转过身来面对我。她还没有决定是否要继续对话，她要看看我的话是否足以弥合我们之间的裂口。“对不起。我确实听到他在尖叫。我应该进来帮你，但我没有。我不想处理这件事，这让你孤立无援。更重要的是，我永远不应该那样对你说话，你不应该受到那样的对待。”

我看到她的能量发生了变化，态度变得柔和了。她犹豫着转过身来面对我，带着怀疑的微笑说："我知道你在做什么。你在做那个事情。"我知道她的意思，"那个事情"就是完全承担责任。我没有找任何借口，也没有再继续试图证明我的行为是正确的。同时，我让空间足够安全，让她放下防备接受我的道歉。她知道我在做什么，我知道她觉得这难以抗拒。我说："你说得对，我正在做那个事情，我敢打赌你很高兴我这样做。"[61]

认可"对不起"的力量

"绝不要道歉，先生，那是软弱的表现！"在经典西部电影《黄巾骑兵队》（*She Wore a Yellow Ribbon*）中，主演约翰·韦恩（John Wayne）这么说。尽管这是1949年的台词，但对我来说，它象征着我们的社会对道歉的看法。因为这个原因和我将在后面讨论的其他一些原因，大多数人不喜欢承担个人责任，当然更不喜欢通过道歉来承担个人责任。承认自己犯过错可能会违背我们对自己的看法，可能会暂时降低自尊，让我们感受到韦恩所说的软弱。[62]然而，当"我很抱歉"的步骤被跳过或道歉不真诚时，不必成为治疗师，你就能理解这对关系所造成的伤害。如果当事人没有采取补偿措施，也没有真正承担个人责任，那么伤口仍然存在，经历是未完成的。在这样的情况下，家庭成员会割裂，曾经的朋友会疏远，浪漫伴侣将无法在内心建立联结。

当道歉真实、真诚并发自内心时，它将会在疗愈过程中起决定性的作用。"对不起"是一种认可，它表明我看到了你，并且我所做或所说的某些事情伤害了你。当我们想到道歉时，通常首先想到接受歉意的人，这对他来说很好，因为他的感受终于得到了关注和抚慰。但实际上，表达懊悔的人也会得到好处，因为道歉的行为可以消除对过失的羞耻感和内疚感。[63]

表达歉意固然重要，但道歉只是承担个人责任练习的一小部分。承担个人责任使我们真正有机会将先前极端化的体验转化为凝聚力。当我们向伴侣展现善意、同情、共情和敬重时，承担个人责任为我们解决冲突和重建信任提供了可能。这项练习要求我们付出更多的努力。与简单的表达歉意相比，它更深入地涉及我们的生活和关系。我一次又一次地见证了愿意说“对不起”的伴侣未能承担实现真正改变的责任。

真正的改变意味着以善意、同情、共情和敬重的方式对待彼此，以此为出发点做事、说话。这个层面上的个人责任孕育了信任，增强了沟通的能力，使我们的关系成为一个足够安全的学习和成长的场所。在关系中，尤其是浪漫关系中，以这种方式练习个人责任可以改变游戏规则。

斯科特·派克（M.Scott Peck）的著作《少有人走的路》（*The Road Less Traveled*）是我阅读的第一本自助书。它引发了我对于心灵的好奇和对人类如何运作的探究欲。在书中，派克谈到了责任，他说，那些勇于接受责任的人会“发现自己生活在一个全新的不同的世界里”。书中提到：“曾经被视为问题的事情现在被视为机遇，曾经可憎的障碍现在成为受欢迎的挑战，曾经不受欢迎的想法变成了有益的洞察，曾经被否认的情感成为能量和指引。”[64] 派克想要表达的意思是：个人责任可以改变游戏规则，那些愿意接受它的人将会经历一种深刻的内在变革，影响他们看待世界的方式。

我认为，任何愿意将这种练习运用到自己关系中的人都有扩展出更完整的浪漫联结的潜力。在我自己的婚姻和工作中，我已经亲眼见证了这一点。当伴侣们同意将个人责任视为他们关系文化重要的组成部分时，他们会经历这种“扩展”，开发出“更完整的潜力”。他们的亲密程度、表达脆弱的能力以及信任、沟通、表达爱意、应对困难的能力都将得到极大的提升。

别让“信任”伤害情感

在与阿什莉的沟通中，我体验到了关系的扩展以及个人责任带来的升级。阿什莉和我之间的沟通充满了友善和尊重，即使在日常交流中，我们也会注意这一点。说实话，有些朋友会嘲笑我们的这种做法，并不是因为这些行为很虚伪或让人厌烦，而是因为我们彼此交流的方式与其他许多伴侣有明显的区别。如果要定义它，我会说我们非常在乎彼此，特别关注我们的言辞以及给对方带来的感受。我在交流中尽可能不仅把阿什莉视为我的爱人，同时也视为我喜欢和尊重的人。我对自己的言辞负责，把她看作我珍视的人。这并不是说我们不会互相开玩笑，幽默是我们生活的一部分，也是我们联结的一部分，我们只是对自己说的话和说话的方式负责。从我的经验看，伴侣间的沟通可能会变得过于自在，他们可能会偷懒。而很遗憾的是，偷懒往往导致他们的交谈方式变得过于随意。这些随意表现为态度轻慢的小互动，虽然看起来只是有点幽默或“开个玩笑”，但对于那些伴侣来说，一些嘲讽的话语承载着更深层次的含义，是未经处理的情感表达。

你是否曾经在晚餐或聚会上见过一对伴侣用幽默的方式互相攻击?

“嘿，看，又来一瓶霞多丽，莎伦，你想为其他客人留点吗？”

“哦不，没事的，托德，我买了好多。亲爱的，我知道我听你故事的时候会需要。”

当相信对方支持我们时，我们可以接受他们的玩笑，信任让我们知道他们说的不是真心话。然而，当伴侣间的“玩笑”或者我所说的“互怼”过于频繁时，会产生一种不以为意的态度。由于讽刺话语背后缺乏对情感负责的态度，因此信任并不存在。当情感受到伤害时，我们经常通过“合理推诿”（plausible deniability）为自己开解。合理推诿的表现形式是“开个玩笑而已”或者“只是个小玩笑”。但事实上，我们已经触及了旧伤疤。因为我们不以为意、离真相太近，情感已经受到了伤害。最重要的是，我们知道自己表现得很糟。伴侣之间如果不对沟通方式负责，信任就会受到侵蚀。

除了日常交流，在谈论性、金钱、孩子或姻亲等敏感话题时承担责任也至关重要。如今，沟通问题已经成为伴侣寻求治疗以及导致离婚的主要原因，这可能是众所周知的事实，但我认为这是一个值得探讨的话题。我在“为什么识别自我对关系如此重要”这章中说过，人们的沟通问题并没有自我部分的问题那么严重。我曾说，沟通的健康程度不取决于设备或技术，而是取决于参与对话的自我部分。重要的话题往往会触发我们最具防御性的自我部分，一旦那个自我部分占据主导，我们就会通过它的视角看待世界。这是沟通出现问题的地方，这是高层次的对话迅速变为互相攻击的地方，这也是个人责任对我们的沟通能力产生最大影响的地方。

在咨询访谈中，有时候我们会得到一些明确的信号或暗示，表示将要谈论一个重要话题，然而有时候重要话题也可能突然出现。这时候，伴侣们通常会感到惊讶，说：“啊，我没想到今天会谈到这个，但我想这就是我们来这里的原因！”每当出现这种情况，我都会让两人停下来、深呼吸，各自检查自己在场的自我部分。我会说：“当我们开启这个过去可能很难触碰的话题时，你们能否觉察到在场的自我部分，并让这个部分负起责任来？”在这里，我们要求我们的内在保护者、批评者和内在小孩让位，让最明智、最具同情心的自我部分出来负责，这也是个人责任改变游戏规则的地方。同样的情感通过不同的自我部分表达，效果会完全不同。与其被保护者的苦涩和愤怒所影响，不如让明智的自我部分表达爱、同情和关心。而这一切没有个人责任是无法实现的。觉察伴随困难对话而出现的负面情绪和防御是一回事，负责任地不被这些掌控则是另一回事。对我来说，当我的伴侣做了伤害我的情感或让我生气的事时，我不仅要觉察我的感受或我存在的自我部分，还要采取额外的行动对此刻在场的自我部分及其表达方式负责。不以这种方式承担责任的伴侣将始终遭受沟通不良、重复争吵以及回避话题带来的痛苦。

成为那个抓住安全绳的人

个人责任是一种爱的语言。当我们认识到自身的不足，并对与伴侣相处和沟通的方式负责时，这体现了爱、仁慈、无私和利他。将更成熟、更具联结的行为视为自己的责任至关重要，这有助于避免与伴侣陷入短暂或持久的争吵。

当萨拉和本来到我的办公室时，他们对彼此已经忍无可忍了。在发现萨拉怀孕之后，两人立即结了婚，这大大缩短了追求的过程。第一个孩子出生后不久，他们又很快迎来了第二个孩子，然而第二个孩子一出生就具有特殊需求。随着生活压力的增加，他们对彼此的抱怨也不断增加。有一段时间，他们甚至规定了只能谈论天气，因为其他话题都被认为太有煽动性。萨拉说："我们似乎已经不间断地吵了 4 年。"本说："我希望这能行得通，特别是为了孩子们，我们不能再这样生活了。如果不能快点做出改变，我就要放弃了。"像凯和梅一样，萨拉和本陷入了"如果你能"的陷阱中，双方都不愿承担起使关系变得更好、更安全的责任。他们都相信，关系破裂的大部分责任在于对方，而修复关系的责任也在于对方。我让萨拉和本严格遵循一项个人责任计划。我让他们不要互相指责，也不要陷入"如果你能"的争论中，而是让他们问自己："如果此刻我正在承担个人责任，我会怎样做？"然后，尽力去做那件事。这段旅程的第一步并不容易。出于我之后会提到的原因，承担责任在 5 张练习清单中往往不是最简单的。但是，在几轮反复之后，萨拉和本开始对他们在关系中的表现、如何相互交流以及如何对待对方负责。萨拉说："带儿子去看病的过程通常很艰难，令人不知所措且心情沉重，事后我常常崩溃。在我哭泣的时候，本只是呆呆地看着四周，没有拥抱，没有安慰，只有沉默。"本说，他在那些就诊经历之后也崩溃了，但他将所有的事情都放在了心里，不想让情况变得更糟。当他开始练习个人责任时，一些东西发生了改变。本说："我脑海中就像亮起了一盏灯。当问出'我会做哪些不同的事’时，我意识到我会停止被动的状态，而看到身旁有一位母亲——我的妻子，她需要我的支持。突然间，我感受到了很久未曾感受到的东西：对她的同情。我伸出双臂拥抱了她，告诉她一切都会好起来的，我们可以做到这一点。”随着时间的推移，萨拉和本学会了轮流为彼此坚强，学会了关心和照顾对方的感受。

在攀岩和绳降运动中，有一种安全协议叫作“做好保护准备”（on belay），我在与伴侣们工作时借用了这个术语。在攀岩中，当负责保护攀登者时，你就是负责抓住安全绳的人。如果发生意外或攀岩者遇到麻烦，你作为保护者会确保攀岩者只安全地掉落一定的距离。我一直认为这用于形容在关系中承担个人责任非常贴切。这可能并不总是第一选择，也可能并不总让人感觉公平，但在关系中承担责任意味着我们为伴侣做好保护准备，就像为他拉住安全绳一样，只让他掉落一定的距离。这项工作应该是共同承担的，不能总由同一个人承担抓住安全绳的责任。以这种方式练习，责任感就会成为一种爱的表达。个人责任会带来意想不到的收获，它向我们的伴侣传递了一个信息，那就是他值得我们付出。这是一种向伴侣表达爱意的牺牲，让他知道他是安全的、被爱的、足够好的、重要的。因此，个人责任是一种爱的语言。

承担责任是很性感的行为

几年前，曾经有过一批搞笑的流行图片、视频和广告，它们描绘了女人凝视男人的场景。女人滑稽地将男人物化，将他们视为性对象。然而，这些视频中的男人并没有做任何常见的性感动作。他们既没有健壮的身材，也不是在努力锻炼或从事体力活。相反，这些男人在给孩子换尿布、做晚饭、洗衣服、打扫房子……他们承担了可能被认为是家务琐事的工作，但他们承担了属于自己的这部分。他们积极主动，通过承担个人责任来为伴侣和家人提供支持。这些广告将最平凡的责任描绘成了性感的形象。我之前说过，承担个人责任不仅仅是一种很好的道歉方式，事实上，在许多情况下，它也是一种很性感的行为。

莫尼卡和杰瑞来寻求帮助的原因有很多，其中之一就是杰瑞在工作和生活中缺乏激情。他赚了很多钱，但没有实现任何梦想。莫尼卡讨厌看到她的丈夫不快乐，对他缺乏动力的状态越来越感到疲惫和沮丧。在一次访谈中，莫尼卡说："我不在乎你做什么，我也不在乎钱，我只想看到你有激情。但如果我说实话，杰瑞，你现在这样并不性感，我真的不想和这样的你上床。"莫尼卡传递了一个难以接受但必要的真相，杰瑞的消极和近乎抑郁的状态已经影响到了他们的性生活。对于我们很多人来说，看到伴侣为某件事感到兴奋，我们也会兴奋。如果你是一个敢于承担一些重担的人，你的伴侣会更能感到兴奋和刺激。当我们的伴侣有激情、状态好、对生活负责时，就更有吸引力，这有助于保持性生活的兴奋度。我告诉杰瑞："你的主要问题是个人责任。在这一点上，问题不在于你做了什么或没做什么，而在于你没有面对你的恐惧，没有为你的困境承担责任。你可以通过读一本书、请一个教练、参加研讨会或者积极行动来面对。朝一个方向，甚至朝任何方向投入精力，都会创造前进的动力，这就是为你的生活和梦想承担责任。并且如果我正确理解了你妻子的意思，那这样做对她而言简直太性感了。"莫尼卡和杰瑞笑了，笑意表明这很有趣，因为这是真的。

然而，让人无法感到性感的是不断恳求、要求和监督伴侣承担责任。无论是日常家务、选择人生道路还是对错过的步骤和受伤的情感负责，如果你的伴侣必须不断恳求你承担责任，那么这种情况下对方很快就会变得不性感。

当我们不得不说服伴侣感受我们的痛苦时，就会产生挫败感和怨恨。如果伴侣中的一方扮演了警察和管理机构的角色，他就会一直感觉很“沉重”，总是压制着自己的伴侣。更重要的是，他同时也很少得到自己所需的支持，因为他实际上会因伴侣的无能或不愿意承担个人责任而被父母化，不承担自己责任的一方会被婴儿化。双方的关系会表现为一上一下的权力动态模式，也许双方会感觉到爱，但不一定是真正的爱情。伴侣中父母化的一方变得更像是照顾者和监护人，而不是爱人。婴儿化的一方则感觉自己总在试图逃避某些事情，当然，这会导致明显的谎言或隐瞒。从这里开始，一场猫鼠游戏开始了，父母化的一方试图将责任灌输给他们的伴侣。这种关系的本质导致了性生活的断裂，因为与被视为孩子的人发生性行为可能会产生接近乱伦的“恶心”感觉。

煤气灯效应

在最极端的情况下，缺乏个人责任感会让人陷入“煤气灯效应”（gas lighting）。煤气灯效应是一种关系中的心理虐待形式，其中一方让另一方质疑自身的记忆、现实感知甚至精神状态。使用这种策略的人通过将伴侣的感受解读为过度反应或过于敏感来否认其感受或全部体验。所有这些都是为了逃避责任，表明我宁愿你受苦也不愿承担我行为的责任，不愿承担后果。煤气灯效应剥夺了伴侣中受害一方的现实，并通过谎言、操纵和否认使受害一方感到疯狂、困惑、焦虑，并丧失对自己感知的信任。毫无疑问，煤气灯效应会削弱关系中的脆弱感和信任感，并在大多数情况下摧毁伴侣间的性生活。

当伴侣真诚地向你道歉并认可你的经历时，这种道歉可以成为独特的催情剂。个人责任是性感的。当有人不否认你的感受或体验时，当你的伴侣愿意站在他们所犯的错误中说“我很抱歉伤害了你”时，当他不要求你证明你的痛苦时，当他承担自己的部分并分担一些重担时，那简直太性感了。杰瑞亲身体会到了这一点。他开始主动行动，不仅在家里积极主动，在生活中也找到了动力。他停止了扮演受害者，承担自己的选择带来的后果。他明白自己必须是那个努力开辟新道路的人。当夫妻俩又一次来咨询时，莫妮卡表达了丈夫的改变带给她的愉悦感。她向杰瑞眨了眨眼，说："我得承认，当我看到你这样的时候，我会很兴奋，我的衣服会不自觉地掉下来。"

从"我"到"我们"

个人责任练习对大多数伴侣来说代表了一种范式的转变，这体现为从以"我"为中心的思维方式转变为以"我们"为中心的思维方式。这是一种内在的承诺，意味着我将更多地考虑伴侣的感受和需求、考虑关系的需求。虽然人们对于人类是天生自私还是无私的争论仍在继续，但我发现，在长期的关系中，心灵的慷慨和视角的丰盈往往是一种可习得的技能。当怨恨产生时，伴侣们变得越来越紧张。当他们之间的空间冰冷下来时，防御性的自我部分变得更常在场，而叙事会变得绝对化和消极。当伴侣们开始采用"如果你能"、"爱的禁运"、合理推诿和指责他人等策略时，个人责任就不复存在了。采用这些策略会引入以"我"为中心的思维方式。在这种情况下，伴侣们往往会倍感煎熬，几乎会为所有的事情争吵，并一直在争夺"受害者位置"。在盖伊·亨德里克斯（Gay Hendricks）的著作《跳脱极限》（*The Big Leap*）中，他认为，争吵是由两个人或两个国家"在关系中争夺受害者位置的比赛"。书中说："一旦比赛开始，每个人都必须找到一些方法来超越对方。换句话说，每个人都必须提出一个逐步升级的'证据'，证明他是真正的受害者。"亨德里克斯认为，解决冲突的唯一途径是每个人都要承担百分之百的责任。任何不到位的做法都不会起效。[65] 亨德里克斯所建议的是彻底的个人责任。在这里，我们不再竞争谁受害更多，而是全面承担我们在问题产生和解决中的责任。争夺受害者的地位可能会让人感觉很自然。在那一刻，将责任推给别人更容易，甚至让伴侣承担责任比自己承担看起来更明智。然而，最终并非如此。一位曾经备受困扰的来访者最终投入了个人责任的练习，他简单地说："这样做更容易。"我不得不说，他是正确的，尽管一开始可能很难相信，但试图让某人承认你的痛苦完全是他的错，这是一件更加困难的事。思考你的行为将如何影响关系的整体健康，并承担责任，标志着你进入了一种"我们"的思维方式，向伴侣传递了他被爱的信息，这样他也可以安心地去做同样的事。

让亲密关系远离竞争

在过去几千年里，人类已经成功地将自己排除在食物名单之外，然而现在我却决定通过学习冲浪重新回到食物链中去。当阿什莉和我驾车穿过沼泽地又穿过连接南卡罗来纳大陆和富丽海滩屏障岛的两座桥时，这个想法袭击了我。令我感到奇怪的是，可能会遇到食人鲨并不是我当天最害怕的。你可能会问，比鲨鱼更可怕的是什么？有趣的是，是"我妻子可能在冲浪方面胜过我"这个想法。

在那一刻之前，我都想当然地认为自己应该会擅长冲浪，并且肯定会比阿什莉擅长，因为我是一个相当不错的运动员。诚然，这是我无意识的偏见在作祟，毕竟她也一直很擅长运动。除运动才能外，我的假设中还包含了一些男性偏见，当然，其中还有竞争思想。当我想象着她站立在冲浪板上，甚至拥有一些技巧或熟练度时，我的身体就会收缩起来。我几乎能听到在讲述阿什莉冲浪而我却笨拙地在水中跌跌撞撞时朋友们发出的笑声。不，这绝对不行！我想，我要战胜这项运动，并且我比她更好。然后我的想象转向了我们开车回家的另一种情景。在这个情景中，车内是安静的。阿什莉感到失望和沮丧，因为她的第一次冲浪经历不太好，也许其中还伴随着伴侣竞争中常见的潜在的不满情绪，这甚至随时会引发争吵。当然，我不希望她表现不佳，我可能只是不想让她做得比我更好。但肯定从未希望她感到被击败或在某种程度上输给了我。很明显，我可以选择如何度过这一天。我可以对我的自我、无意识的偏见和好胜的自我部分负责。我可以选择在这个新鲜的探索中享受乐趣。如果我愿意，我可以以更成熟的自我部分呈现，无论我是一个怎样的冲浪者，我都可以成为阿什莉最大的支持者。事实上，这不就是伴侣应该做的事吗？

当这一天结束时，我们俩都在冲浪板上站了好一会儿，说实话，我们俩都摔了不少跤。我们度过了一段美好的时光，并且也是彼此最大的支持者。这次经历让我们更加亲近。直到今天，我们都是狂热的冲浪爱好者。然而，这次经历最大的收获不是我所学到的冲浪知识，而是认识到竞争对爱情关系有腐蚀性影响。

在美国，我们注重竞争。毕竟，竞争是我们血液中的一部分。即使你不认为自己是一个特别争强好胜的人，竞争也仍然存在，它是我们的一部分，它仿佛编织在我们细小的生命纤维中。无论对手是谁，我们都要成为最好的，要奋斗，要战胜对手。失去任何东西都是丢脸的，它会引发羞耻感，打击我们的自尊心。如果不是第一名，我们是谁？如果不是赢家，我们是什么？文斯·隆巴迪（Vince Lombardi）是美国职业橄榄球历史上最成功的教练之一，他曾经说过："赢不是一切，赢是唯一。"毕竟，没有第二名，只有赢家和输家。这些只是我们文化中关于竞争的一小部分观点。这种思维方式在美国如此普遍，以至于我们将其视为一种自然法则、一种值得追求的美德、一项需要在简历上列出的技能。这是一个基本的想法，反对它几乎就是叛逆。

出于这些原因，我认为竞争在大多数情况下是有害的，尤其在恋爱关系中。这是伴侣们采取的最普遍，无疑也是最不成熟和有害的心态之一。竞争具有隐蔽性，它悄悄地潜入你的生活，并以虚假朋友的面目呈现自己。进行一些友好的竞争有什么问题吗？在威拉德·比彻（Willard Beecher）和玛格丽特·比彻（Marguerite Beecher）的书《超越成功与失败》（*Beyond Success and Failure*）中，他们概述了竞争的陷阱，同时批判了这个最受美国人推崇的原则。在书中，比彻夫妇说："竞争的基本情感态度之一是敌意，不存在友好的竞争，所有的竞争都是敌对的，它源于想要获得支配地位并强制别人屈服的愿望。"[66] 这引发了一些反驳声。我们不能和伴侣一起游戏吗？桌游和闹着玩的摔跤比赛已经成为过去了吗？我们只能谈论天气，因为政治、艺术、音乐等充满活力的话题可能会引发竞争而太过危险了吗？对此，比彻夫妇提出："竞争的精神与游戏的精神相反。竞争者无法为了游戏而游戏，因为他必须赢或留下良好的印象。"[67] 我认为，恋爱关系中的竞争会滋生不安全感和狭隘的嫉妒情绪，在这种情况下，即使只是短暂的一瞬，爱人的面孔也可能会变成敌人的面孔，而脆弱和同情会被竞争和冲突取代，联结也会被好胜心取代。

如果你认为这超出了你对伴侣和竞争的理解，那让我们来看看竞争是如何渗透到关系中并破坏联结的。我经常与那些沉迷于竞争并对此不负责任的伴侣们一起工作。这些伴侣无法为对方的成功感到高兴，无法妥协，他们经常使用"最后通牒"策略，互相贬低，隐瞒事实，为了争取胜利不惜一切代价。

一位有抱负的作家女士曾问我的妻子对于我著作热销的感受："你不会嫉妒吗？如果是我的丈夫，我想我会嫉妒的。"阿什莉的回答很简单也很明确："我从来没有想过嫉妒。"这从未发生在她身上，因为我们都不在我们的关系中竞争，并真正为彼此的成就感到高兴。

来找我咨询的一对夫妻最近领养了一个孩子。养育孩子已经非常不易了，两人还在几乎任何事上都无法妥协。无论在喂养、食物、尿布、托育还是睡眠时间上，他们总是争吵。他们使用最后通牒来迫使对方妥协，但看不出有明显的胜者。我告诉他们，在这种局面中有非常明显的输家，那就是他们俩和他们的孩子。

大多数伴侣会在争吵或辩论时体验到竞争带来的负面影响。在争吵时，即使在浪漫关系中，我们也是为了赢而战。当伴侣们第一次来到这里时，他们会像参加竞技运动一样争吵，奖品不是更亲密的联结或解决方案，而是对另一方的胜利、支配和权力。伴侣们似乎没有意识到这是一种没有胜者的胜利。当然，伴侣们是会争吵，坦白地说，当伴侣们告诉我他们从不吵架时，我的“蜘蛛感应”（Spidey Sense）就会启动。它告诉我，有人无法、不愿或只是害怕分享自己的想法和感受，或者他已经尝试过分享，而伴侣无法感知。问题不在于你是否争吵，而在于你如何争吵。长期来看，在浪漫关系中为了赢而战根本行不通，那会滋生怨恨，并被敌意和恐惧所推动。我告诉伴侣们：“如果你的伴侣输了，你也输了。如果你真的爱这个人，为什么想让他输？”你能想象伴侣们真的为彼此和关系而战的情景吗？有没有一种争吵的目标是使伴侣更好地联结？事实上，恋爱关系应该被视为一种零和游戏[①]，如果伴侣们开始争吵，两人最后都会感觉自己的付出等同于获得。双方实现的目标应该是相互尊重和联结，不应该是混乱和破坏。当我们能够做到这一点时，浪漫伴侣之间的空间会变得更加安全，因为信任是建立在我们的伴侣深深感到被看到和被选择的基础上的。实现这一点的唯一方法是消除根深蒂固的竞争，通过尊重对方和建立联结让自己在陷入竞争中时承担个人责任。

---

① 指一项游戏中，参与游戏者有赢有输，一方所赢正是另一方所输，游戏总成绩永远为零。——编者注

承担个人责任的真正副产品是信任。当我们停止与伴侣对抗并开始为他而战时，信任和信心就会建立起来。如果你不再寻找某种方式来削弱或打败伴侣，而是建立他的信心，就会传递出他可以依靠，可以信任我们的信息。通过各种形式承担责任是传递这个信息的最好方法之一。

然而，说起来容易做起来难。当我要求伴侣们放下争斗、承担责任时，大多数人都会感到不安，他们会戒备起来，反抗我和这个过程。我曾与一位来访者进行了以下关于承担责任的对话：

来访者："所以你要求我承担责任？"
我："是的。"
来访者："你要求我'背起自己的锅'，就像你说的那样？"
我："是的。"
来访者："你希望我停止争斗，接受责任？"
我："是的。"
来访者："所以你希望我认输？"
我："不是。"

承担个人责任并不是投降。人们恐惧的是接受责任会让我们失去某些东西，害怕我们过于纵容对方导致自己被欺负。必须明确的是，承担个人责任不是放弃立场，而是走上更高或不常走的路。这就是罗伯特·弗罗斯特（Robert Frost）在他的诗《未选择的路》（*The Road Not Taken*）中所写的："树林里分出两条路，而我选了人迹更少的一条，从此决定了一切。"[68] 话虽如此，但也没有人能强迫你承担责任。我们所承担的责任和承担责任的方式是每个人自己决定的。试图让别人承担责任实际上是剥夺他们的自主权。我们生活的每一刻都面临着选择，就像弗罗斯特所说的两条路：害怕之路或爱之路，指责之路或责任之路。承担个人责任是不常走的路，也是决定一切的路。

19

如何承担个人责任

责任的概念对于心理治疗至关重要，责任也具有实用性，接受责任能够使个体实现自主，更能发挥全部潜能。

——欧文·亚隆

美国团体心理治疗权威

用新的方式对话

凯和梅都露出了被揭穿的表情。他们现在知道我已经看透了他们的游戏，一个他们也许只是模糊意识到的游戏。两人都把责任推给了对方，而且也经常推给我。回避责任是心理治疗和人际关系中常见的策略。然而，没有个人责任的关系就没有信任或亲密。我对于他们想要进行“快餐式”治疗的评论触动了他们的神经。

“你知道，莱尔，我大部分时候都欣赏你的直率，但这次我觉得你只是在‘爹味说教’。”

不得不说，这句话很伤人。我非常努力地使自己避免掉入作为一名中年白人男性治疗师与不同人群合作时会遇到的陷阱。作为一名临床心理治疗师，我的责任之一是检查盲点和无意识偏见。认为人们可以对差异视而不见是一个谎言，这是大脑最早意识到的事情之一。为了让治疗师与不同背景的来访者建立信任，我们必须承认差异的存在并命名它们，同时要以适当的技巧避免刻板印象。考虑到这一切，我不得不问自己，我是否无意中忽略了凯和梅的盲点？我是否与这些来访者合作时犯了“爹味说教”的错误？仅仅想到这一点我就毛骨悚然。想到自己有可能是一个以居高临下的姿态与来访者交流的治疗者，我不寒而栗。这可能吗？当然可能，但这又不太可能，特别是考虑到我的培训背景、对这个问题的敏感度。不，更有可能的解释是凯知道我要说什么，他通过把责任推到我身上的方式来回避它。我说：“如果我有任何不尊重或居高临下的地方，我很抱歉，但我坚持我所说的话。我认为你们两个在这段关系中没有承担足够的个人责任。如果我不说出自己的想法，那就是对你们不负责任。现在，你们有时可能会觉得我在针对你们中的一个或两个人，但这是我工作的一部分。”凯和梅在椅子上不安地变换了姿势。有时候，当来访者反击时，你必须坚持自己的立场。有时候，他们会感觉你在与他们对抗，而实际上你是在为他们和他们的关系而努力。

“我不认为你在‘爹味说教’，莱尔，”梅说，“我觉得你触及了某个敏感点，或许是一些真相？”

她最后一句话是对凯说的，但我打断了她：“对不起，梅，你刚刚说的话是我想听到的，但我想确保凯对我没有意见。”

凯正在拨弄自己牛仔裤的接缝，他抬起头来，说：“我没意见。”他露出了一个不好对付的微笑，说：“那么，我的哪个‘锅’我没有背？”

我以微笑回应他。两个不好对付的人达成了一种共识。我会时不时地说一些令人不快的话，而他会对我和这个过程保持开放的态度，至少目前是这样。

“嗯，我们从你发给同事的那些短信开始吧。你对此有什么想法？”我问道。

凯翻了翻白眼：“哦天哪，我们必须从那里开始吗？我不认为有什么可谈的。我对那个女人没有感情！”

凯话音刚落，梅迅速说道：“凯，我看过那些短信！”

“哎，那没什么意义。那只是无伤大雅的调情，梅。就像你，不也在酒吧里跟陌生人暧昧过吗？我说过什么吗？”

梅现在更矜持了，她回答：“对，你没有，但那是因为你说过你喜欢我那样，这也正是区别所在。你在那里看着，这是在你面前发生的，很大程度上是为你而发生的。而在你工作中发生的事我从来没有经历过。我不认识这个女人，我也不知道她有什么意图，我只知道她在深夜给我男朋友发性感照片。”

凯转向我：“这就是我们在这个问题上的全部。事实是我没有做任何事情。是的，我们调了点情，但那没什么大不了的。我们会在工作中交流，她也正在成为我的朋友。但我没有任何感觉。她给我发了一些照片。我们没有任何肉体上的接触。”

“好吧，凯，”我说，“我很抱歉，但我必须反驳你。我相信你说的一切都是真的，但是这对解决问题没有帮助。”

有些情况在浪漫伴侣之间真实但不太有帮助，凯对她与同事有关的描述就属于这个范畴。事实上，凯与他的同事没有发生身体上的亲密接触，凯严格来说并没有做错任何事情。然而，站在这个“合理推诿”的高台上注定是一场灾难。在那里，他否认了梅的所有感受，没有承认她的任何体验。凯可以试图证明自己是对的，但这将以疏远他声称在这个世界上最爱的人为代价。

“好的，你希望我怎么做？”凯问，“承认我没有做过的事情吗？我只是不同意她和你的观点。”梅沉默了，显然对她的伴侣感到失望。为保持冷静，她深吸了一口气。

“你可以尝试拥有一些东西，”我告诉凯，“你可以尝试拥有一点个人责任。我敢打赌这会有很大的帮助。好吧，也许你觉得自己没有出轨，但你也没有做任何事情让那个女人离开。事实上，我敢说你甚至有点引导她。这些话有一些是事实吗？问问自己，如果你要对这件事情负责，对随便什么事情负责，那会是什么？”

凯深吸了一口气，看着梅：“好吧，说实话，我知道她对我有超越朋友的感情。我知道这一点，你是对的。我没有做任何事情来阻止她。我不想承认，但得到关注确实让我感觉很好。我没想做什么，我永远不会出轨。但我们之间的事情一直不太好，特别是在肉体方面。我觉得自己受欢迎的感觉很好，很抱歉，我伤害了你。”

当凯停止保护自己的叙事并开始说出真相时，他内心似乎发生了变化。承担自己的责任让他离开了防御的位置。他放下了盔甲，变得柔软，并认可了梅的感受。在这个关键时刻，凯终于为伤害他伴侣的感受负起了责任。在此之前，他们就这个话题的对话一直停滞不前。然而，今天不同。他们迈出了一小步。

伴侣卸下防御，有时我们会将其视为攻击的机会。此时对我们赢得战斗的需求承担责任变得极其重要。如果梅利用这个机会攻击凯，如果她在凯敞开心扉、呈现脆弱的时候打击他，这一天的所有进展都会丧失。凯的防御者会开始反击，也有可能会进入保护壳中，信任也会大量丧失。心理学研究发现，道歉需要在责任和接受之间保持平衡。它需要道歉者的自我怜悯，也需要另一个人对道歉者的同情。这是一个双向的过程，也是一个持续的过程。[69]

梅想要回应，我希望她小心地以一种正念的方式表达自己的真实想法："梅，我猜你有话要说，但如果可以的话，我希望你尝试使用自己学过的策略。慢慢来，深呼吸，问问自己有哪些想法和感受。现在你的哪一自我部分出现了？你是否正在讲述什么故事？"

这听起来可能过于像教练，实际也确实如此。正如我所说的，这对伴侣正处于一个关键时刻。他们需要知道如何以一种新的方式进行对话，并意识到他们可以获得好的结果。现在轮到梅了，她需要通过有技巧地表达自己的真实感受来承担个人责任。如果她做得不够好，他们来到我办公室的原因将会再次出现。

梅又深吸了一口气，让自己稳定下来，并感受自己的身体："我不会撒谎，我现在有很多感受，我想大声把它们说出来。首先，我很生气你过了这么久才说出来。我一直感到非常不安，你否认真正发生的事让我发疯。但是，这是一个很重要的但是，我也很感激你最终承认了。我明白，被关注的感觉很好。我也会觉得其他人很有吸引力，当他们关注我时，我也喜欢。让我们面对现实，我们的关系可以容纳这种情况。这条界线有些模糊不清，但只有当我们一起参与的时候，我才感到安全。"

"你有没有什么可以承担责任的地方？"我问她。

梅回答："我得承认我最近身体感觉不太好。我本来打算告诉他我的感受，并确保他知道这不是他的问题，但我没有这样做。我需要更积极地与他沟通。"

毫无疑问，这两人都对自己的伴侣和他们的关系抱有最好的意图。然而，这也正是很多伴侣陷入争执的地方，他们只关注自己的良好意图，从未真正承认他们带给伴侣的感受。

让好意被看到

他看着她努力掩饰失望的神情，不确定自己到底哪里做错了。她曾经抱怨他从未为她做过特别的事情，但今天他特意买了花送她。买花时，他想着自己有多么爱她，她对自己有多重要。但送花时，女友最初的欢喜在看到花束后迅速转变为失望，因为这些花是黄色的。

她曾经多次告诉过他对黄色花的厌恶。在一些持续到深夜的亲密谈话中，她分享了与黄色花相关的痛苦记忆。它们让她想起童年浴室的壁纸，那是小时候父母吵架时以及后来继父喝醉回家时她躲藏的地方。她会盯着那些花的图案看，一看就是几小时，对她来说，那几小时就像几天一样漫长。

当她因男友的行为感到受伤和愤怒时，男友却在咨询中说："但我买了花。她想要花，我买了。为什么她不能高兴地接受我所做的努力呢？她为什么要那么挑剔？"

从男友的角度想，女友是不是过于死板和挑剔？她是否可以只关注男友做出的努力？她是否可以认同他的意图是好的，微笑着接受礼物？当然，可以这样争辩。然而，这是要求她隐藏起自己的感受，而我的来访者将错过一个真正了解和理解伴侣的机会。相比期待女友压抑真实的感受接受礼物并轻抚着他的头说"做得不错"或"你尽力了"，我认为这位男士应该对自己有更高的要求。

买花是事实，带着最好的意图做了这件事也是事实。然而，这些事实是无关紧要的，就像凯和梅的情况一样，它属于真实但不一定有用的范畴。有无数例子表明，伴侣会因为受伤的感受和最好的意图而争吵。其中一方尽最大努力履行期望或承诺，但意想不到的事情阻碍了目标的实现。在这种情况下，伴侣会变得极端化。其中一个人感到受伤和失望，因为他的努力没有被看到。另一个人也有同样的感受，因为他的需求没有得到满足。

这些难题的答案是个人责任。就像我的来访者和他的花一样，我们可能会陷入自己的意图中。事实是，我们不仅要考虑自己的期待和感受，还需要考虑对方的感受。为我们的意图辩护可能看起来合理甚至合乎逻辑，然而，大多数人并未意识到，我们在为自己的意图辩护的同时，也让对方感到“不被看见”。你有没有试过告诉一个正在经历强烈情绪的人停止感受？结果怎么样？

就像许多人一样，我的来访者没有搞对方向。如果他承认了自己的错误，道歉并与女友谈论她的感受，一切都可以挽救。对受伤的感受负责至关重要，这并不意味着我们的良好意图无效。事实上，承担个人责任可以为我们的意图铺平道路，并帮助好的意图被看到和被理解。

未言之事抢先提

“未言之事抢先提”的意思是我们有意识地提出一个未曾讨论过的话题。通常，这是双方都知道但由于各种原因没有谈论过的问题。这些话题可能是略微恼人的日常琐事，也可能是威胁关系存亡的更大问题。在当今这个时代，一个普遍的问题是手机或屏幕影响了浪漫伴侣之间的相处时间和注意力。假设你已经意识到自己和手机面对面的时间比与伴侣相处的时间还长，尽管你很确信伴侣已经注意到这个问题，但到目前为止他还没说什么。“未言之事抢先提”意味着在情感受伤和情绪高涨之前主动向伴侣承认问题。在这个例子中，你可以说：“嘿，我知道自己花太多时间在手机上了，我也知道因为这个我们最近没有太亲密。这对我们来说并不好，我想在你不得不说之前先承认我的问题。”当谈论一个未被提起但明显存在于你们之间的问题时，你为伴侣创造了一个表达感受的机会。以这种方式承担责任，给了他在未来指出你问题的许可。这种方式重新定义了关系中的“成年人行为”，使伴侣之间的空间更加安全，安全到足以进行此类的交流。

“未言之事抢先提”的时机永远都不可能完美。来访者会说：“我这周没有提起这个问题，因为这周一切都很顺利，我不想破坏它。”一段时间之后他又会说：“嗯，我这周也没有提起这个问题，因为事情并不是很顺利，我不想让它变得更糟。”我们总会有一个很好的理由不去承认自己的不良行为，没有人指出它时更是不愿意承认。这是一种预防性的自我袭击，尽管我们内心深处知道这是一个重要而必要的步骤，但它与我们所有自我防御和好胜的本能都恰恰相反。

我承认这并不容易。要提起那些需要改变的行为，或者提起那些使我们的伴侣遭受某种程度的痛苦或不适的行为，就像自己冲上去堵枪眼一般，大多数人不知道如何做，或者就算知道也不愿意做。

尽管如此，“未言之事抢先提”具有非凡的疗愈潜力。当我们在这个层面上承担个人责任时，伴侣就无须替我们承担。这表明此地有一个成年人，我会支持你，你在这里展现脆弱是安全的。我正在玩一个零和游戏，我在考虑“我们”，而不是“我”。这是一个了不起的选择行为。

“未言之事抢先提”被证明是一种治愈良药，尤其是对于我合作过的那些经历了严重信任破裂的来访者。这些信任破裂通常是因为不忠行为，但也可能包括隐藏的嗜好、秘密花销、巨额资金损失或某种更严重的谎言。

对于犯错一方来说，这种程度的违背行为要想获得原谅，重要的是重新获得伴侣的信任。在这种情况下，最好、最有治愈作用的做法之一就是“未言之事抢先提”。我告诉那些犯了这种程度错误的来访者不要害怕谈论他们所做的事情。我鼓励他们经常提起这个话题，特别是在两个人都在想着它的时候。要再次强调的是，这样做与我们的本能完全相反。然而，当我们主动提出来时，我们的伴侣知道它在我们的脑中，我们并不希望它消失，而且可以谈论它。当毫不畏惧地谈论那些被视为禁忌、禁区或危险的话题时，紧张感就会减少，问题会被带到阳光之下，这会引领我们进入疗愈的等候室。

承认对方的感受

有一个关于种土豆的农场主的故事，农场主雇用了一名新帮工在农场工作。这个帮工非常出色，接手的工作都完成得很好。当他被派去锯木头时，一天就锯下了比任何人都多的木头。第二天他又被派去修补环绕农场的篱笆。就像锯木头一样，这个帮工在一天内修补的篱笆数量又超出了任何人的想象。然后，农场主让他分类主要的作物，那可能是农场上最重要的工作之一。他的指令是将土豆分类放入三个容器，一个用于出售，一个用于种植，另一个用于丢弃。这一天过去时，帮工来找农场主:“对不起，我必须辞职了。”农场主惊慌失措，担心失去他最好的工人。“我能做什么？”农场主惊叫道，“什么我都愿意，我会给你的薪水翻倍！”“不，我不适合这份工作，”帮工回答，“砍木头和修篱笆我没问题，但分类土豆需要决策、决策，还是决策。”[70]

承担个人责任并不容易。对一些人来说，拥有所有权和承担责任难以接受。大多数人理解它在理论上的重要性，但就像那个帮工一样，他们在实际行动上逃避承担责任。这在恋爱关系中尤为明显。我们很容易推卸责任，希望伴侣能承担起来。在生活的其他领域中，承担责任似乎显得没有那么难。

例如，在工作中，我的一些来访者在承担职责时非常努力。在很多情况下，职场会逐渐形成接受个人责任的伦理道德的场域。在某些圈子中，承担责任被视为一种专业技能和一种强大的管理方法。关于如何在职场中承担个人责任，有很多文章、书籍、演讲和培训可供学习和参考。然而，对某人的情感伤害负责就是另一回事了，并且这种练习显得十分不足。在家庭生活中，责任似乎与责备同义。责备带来的是羞耻和一种我们完全错了的感觉。对于自我而言，这是一种等同于死亡的经历。个人责任对我们的自我概念构成了直接威胁，创造了一种被称为"认知失调"（cognitive dissonance）的状态。认知失调是我们在持有两种冲突的思想、信念、情感或意见时所经历的压力。例如，你可能认为自己是一个善良、亲切和体贴的人，当你的伴侣被你的行为伤害，认为你欠考虑或不体贴时，你会感到惊讶。你的伴侣的感受挑战了你对自我的信念。这两种相互矛盾的看法所产生的焦虑就是你的认知失调，你会采取各种方式来逃避责任，减轻压力，挽救自尊。[71] 这是许多伴侣痛苦挣扎的地方。然而，当我们学会超越战斗或逃跑的本能，并能够主动承担责任时，一度使我们分裂的时刻将把我们重新凝聚在一起。

承担个人责任具有挑战性。使其更加困难的是我们内心并不同意，但需要被迫与伴侣达成一致。由于缺乏一致，伴侣经常发现彼此处于对立的境地。例如，在争吵中，一方可能认为伴侣是有意伤害自己的。从这一刻开始，拉锯战就开始了，来来回回，一遍又一遍地重复同样的话："你说了……""不，我没有！""你就是说了！""我不是那么说的！"……许多伴侣来到我的咨询室，都会陷入这样的争吵中。其实，达成一致并不是共情的前提条件。大多数人认为他们只是在为细节争吵，但这种观点是短视的。在这些时刻，伴侣们实际上是为感受而争吵。这里有一个简单但有效的规则：如果有人告诉你他受到了伤害，他可能确实受到了伤害。争论这个事实对你几乎没有好处。重要的是要承认伴侣受到了伤害，并理解这在某种程度上与你有关。无论你喜欢与否，在关系中，承认伴侣的感受是我们的义务，即使我们不理解他为什么会有这种感受。当你开始承认时，承担个人责任这个艰难练习就会变得相对容易。

以彼此需要的方式相爱

凯和梅这两人的想法、感受和体验与他们对自己的认知毫不相符。两人都有着伴侣不愿认可的感受。对于凯来说，承认自己让同事关系走得太远意味着承认自己曾经差点不忠，将自己的行为解释为“没什么大不了的”或站在合理推诿的虚假立场上远比为自己在伴侣心中造成的伤害负责要好得多。

另外，由于梅对自己身体的感受，她在卧室里表现得缺乏沟通和联结。快到 40 岁的梅觉察自己的身体开始发生了变化，这令她难以接受。她一直保持着最佳的身体状态，感觉自己很性感并且有魅力。这些新的感受与她对自己的看法不符，导致她在性方面拒绝伴侣。

当他们学会把指责指向自己并承担责任时，两人从防御性的立场开始转向同情和共情的立场。他们开始采取一些策略，比如抢先说出未言之事，以及认识到他们的良好意图虽然真实但不一定有帮助。他们试图把自己的关系看作零和游戏，并从“我们”而不是“我”的角度来看待。所有这些都有助于缓解最初令她们走进咨询室的痛苦。

从过往的记录来看，这通常就是凯和梅会消失的时候，只有当他们再次遇到困难时才会重新出现。然而，这一次不同。通过承担个人责任，他们找回了亲密感，再加上我的一些鼓励，凯和梅决定继续他们的咨询，并尝试进一步加深彼此之间的联结。他们开始追求一种超越争吵的更加温馨的亲密感，甚至不满足于许多平淡和不充实关系中的“足够好的联结”，他们敢于要更多。

除了使用本章提到的练习，凯和梅还接受了本书所提供的其他挑战，他们承担了启动正念、探索自我、学会叙事和主动选择这 4 张练习清单中的责任。伴随着这些练习，他们逐渐走出下意识的反应，开始以智慧的自我形式呈现，并形成更具同情心的叙事，开始以彼此需要的方式相爱。这并不意味着问题不会出现，但当问题出现时，这对伴侣有了可以使用的应对计划、工具和技能，还有了一张帮助他们找到关系正确方向的地图。最终，凯和梅来咨询的次数越来越少。随着越来越熟练地使用这套系统，他们不再像以前那样需要我了。这很奇怪，但我工作的一部分就是淘汰我的工作。我的目的是帮助来访者找到一种很少需要每周指导的韧性和自足感。

这都是个人责任所带来的礼物。它们不是通过渗透获得的，也不是被动地经由你的生活或关系获得的，而是通过努力超越你的舒适水平和现状来获得的。承担个人责任在于愿意承担你所做或未做的一切，以及你所说或未说的一切，而不是陷入互相指责。需要理解的是，无论我们的意图如何，都可能会伤害所爱的人，因此，我们必须对此负责，而不是等待别人说出来。“责任”这个词通常与“接受”一起使用，我们必须“接受我们的责任”。我认为，接受对于西方人来说是困难的，它甚至被视为一个贬义词，与投降、放弃或妥协等同。从这个角度来看，我们接受任何事情都是带着勉强或不安的。在这项练习的践行中，我们经历了这些概念中内涵的转变。这代表了一种观念和思想上的变革，使“接受”和“个人责任”这两个词走出羞愧和贬损的领域，进入英雄和勇敢的范畴。

如果对方拒绝承担怎么办

如果有人无法进行这种转变，如果一方拒绝在他们的关系中承担个人责任怎么办？有时我会遇到一些人，他们不愿或不能接受责任对关系有益的观念。相反，他们坚持责备、评判、非难和说教，一次又一次地抵制我和他们的伴侣对其承担责任的恳求。他们这样做的原因很多，可能是简单的固执和自私，也可能是自我保护和对脆弱的恐惧。无论原因是什么，带来的后果都一样：他们的伴侣感到愤怒、受伤和沮丧，甚至质疑关系的可行性，并且他们也有权这么做。如果你的伴侣坚持将责任推到你身上，你基本上有两个选择。首先，你可以继续保持这段关系，但是需要调整你对伴侣以及对其承担责任程度的期望。你必须记住你们关系固有的不公平性：你和你的伴侣基本上已经同意按照不同的规则来参与。其次，你可以选择离开，寻找一个愿意努力改善自己和处理自己伤痛的伴侣，和你一起公平地承担个人责任。这听起来可能太过冷酷，但根据我的经验，如果伴侣拒绝对自己的言行承担个人责任，这段关系就不可能得到修复。

20

爱的责任练习

练习责任感，意味着你会接受一种观点：无论发生什么事情，管理自己的感受和行为都是我的责任。我做出的所有决定都源于自己的选择。只有当我选择成为受害者时，我才是受害者。

——卡瑞尔·麦克布莱德

美国注册婚姻和家庭治疗学家

承担责任是对行动的召唤。有时候，这可能会让你感觉很危险，因为事情在好转之前可能会变得更加混乱。然而，当我们的目标是建立新习惯和互动方式时，旧的方式必须先消失。每当我们在这个层面上邀请改变来临时，也同时邀请了不适的可能性。

然而，个人责任练习带来的联结和信任是完全值得的。其中的一些练习可以独自完成，还有一些需要与伴侣一起抽出时间完成，有的甚至需要在特定场景中使用，这意味着你可能需要等待机会来执行它们。

对于这些练习，请把它们放在你的口袋里，并留意你使用这个工具或技能的意图，以免错过机会。从这里开始，我要求你开始练习，并且要认真地去练习。

超越“对不起”

学会有效地道歉对于在关系中承担个人责任非常重要。我们敢于为自己的错误负责，这相当于告诉我们的伴侣，我们之间的空间是安全的，他面对的是一个成年人，他的感受对我们很重要。在这个练习中，想一想你在关系中可能没有及时道歉的时刻，还有那些可以通过承担更多责任来更有效地道歉的时刻。以下是构成令人信服的道歉的几个要素。通过冥想或写日记的方式想象一下你说“对不起”的情景。通过使用这些工具来觉察未来与伴侣的相处中在哪些地方你能承担更多的责任。

第一步，表达共情、认可和懊悔

当你认为自己的言行给伴侣造成了痛苦时，道歉会变得更容易。而你不认为自己有错时，情况就不同了。好消息是，你并不需要同意被你伤害的人的看法，只需要尝试理解他的痛苦并认可他的痛苦即可。共情并不需要我们在有分歧的主题上达成意见一致，它只是意味着你承认你的伴侣正在受苦，而你所做的事或所说的话对他们的痛苦有一定影响。你可以说一些类似于“很抱歉我所做的事或所说的话伤害了你”的话。这种表述的美妙之处在于我们承认了他的痛苦，而没有陷入我们的意图中。正如我在第五张练习清单中介绍的，我们的意图可能是好的，但并不总是有帮助的，至少一开始不是。我们的第一步是对他的痛苦表达共情，认可他拥有自己感受的权利。

第二步，解释错误，共情对方的感受

这是一个真正接受责任的机会。除了承认伴侣的痛苦，这一步还表示我明白我的行为导致了你的哪些痛苦，我愿意通过说“不”来承担责任。当道歉只包括例行公事的“对不起”或可怕的“对不起，你会有那样的感觉”时，道歉就显得不够。当我们解释我们哪里做错了时，就更进了一步。在“在承担个人责任中实现成长”这章中，我对阿什莉说：“我确实听到他在尖叫。我应该进来帮你，但我没有。我不想处理这件事，这让你孤立无援。更重要的是，我永远不应该那样对你说话。”这是我对哪里做错了以及如何伤害了伴侣感受的全面承认。在通常情况下，我们会避免大声说出自己的过错。然而，如果不愿意明说，别人会觉得我们不真诚。当我们解释自己哪里做错了以及如何伤害了伴侣的感受时，这相当于告诉对方，你不需要说服我你受到了伤害，这是一种充分的认可，因为承认责任。

第三步，解释犯错的原因

你想象不到，仅仅是一句“我就是累了”“我工作压力大”“心情不好”“我就是在犯浑”能在道歉中起到多大的作用。当你表示自己意识到了不良行为的来源时，意味着你已经思考过了，而不是仅仅为了打发伴侣离开而敷衍地承认错误。道歉也表明你愿意惩罚自己。请注意，这不是为不良行为找借口的机会，这是一个承认你的行为或言论起源的机会。

第四步，提出修复计划

当你问能做什么来弥补时，就是在推动疗愈的过程。这表明你愿意付出额外的努力改变自己的行为以保护伴侣的感受。下一步是跟进，并真正着手做这些事情。

第五步，请求宽恕

这一步对于小错误来说可能有些多余，但对于较大的错误来说是必需的。话虽如此，你不能指望每个人都能在你希望的时间内接受你的道歉。当你在请求宽恕时加上“当你准备好时”或者“当你感觉对时”的表述，就表明你并不是为了让伴侣减轻你的内疚而道歉。

如果说共情力意味着愿意并能够站在别人的角度来更好地理解他们的痛苦，那么同情心就是想要为那种痛苦做些什么。一个好的道歉是朝着这个方向迈出的重要一步。需要注意的是，以上所有这些步骤都很重要，但最重要的可能是你的意图。如果想要道歉有效，就必须发自内心。

在沟通中更多觉察

正如在第二张练习清单中学到的，良好的沟通始于我们对想法和感受的觉察，始于了解自己在对话中呈现的自我部分。接下来的练习要求我们在试图与伴侣就过往的困难话题进行沟通时更多地承担责任。在这个练习中，请先思考一下你与伴侣最近一次激烈或困难的讨论。现在，通过冥想或写日记的方式思考一下你如何能在那次沟通中承担更多的责任。

明确参与沟通的自我部分

这不是一个关于你的伴侣做错了什么的练习，而是关于你自己本可以承担什么以及你在未来可以承担什么的练习。请尽力回想你与伴侣进行的一次困难讨论，想想当时你在想什么、感受什么。根据你对自己的了解，说出你的哪个自我部分或哪些自我部分在当时参与其中。

- 你可以邀请自己的哪些自我部分参与讨论？
- 你可以做些什么来确保最明智、最具情商的自我部分参与到这次对话中？

- 你是否参与了针对伴侣或伴侣针对你的负面叙事?
- 你是否可以承认自己存在竞争心态或需要赢得争论的需求?
- 如果你从以“我”为中心的思维转变为以“我们”为中心的思维，会有什么改变?
- 你是否以一个可能被改变的心态倾听?
- 如果你在这次沟通中承担起与伴侣建立联结的责任，会有什么不同?

现在尝试在与伴侣进行下一次困难沟通或情绪化沟通中使用这些个人责任的技巧。你不必使用所有的技巧，只需尝试一些并觉察发生了什么。

明确沟通中的个人责任

以下哪些方面你需要承担责任?以下是一些你在沟通中可能会做出的行为的清单，准确地说，是一份个人责任的负面清单，请在你需要改进和改变的陈述前的方框中打钩。

☐ 我总是抢伴侣的话。
☐ 如果我不同意伴侣的感受，往往会忽视它。
☐ 如果我不同意伴侣说的话，会打断它。
☐ 我会为了赢而战。
☐ 当我道歉时，我也会使用“但是”。例如，“我很抱歉说了那些话，但是我那样说是因为你让我生气了。”
☐ 我无法表现出共情力，尤其是当我受伤或生气时。
☐ 我不常从伴侣的立场思考问题。

- ☐ 我很少停下来问现在是哪一个自我部分在场。
- ☐ 我不以开放的心态倾听。
- ☐ 我经常重复自己的话。
- ☐ 当我不理解伴侣在说什么时，我不会要求其解释清楚。
- ☐ 我拖着不提那些棘手的话题，希望它们会消失。
- ☐ 我会打断伴侣。
- ☐ 当生气时，我会将争论升级。
- ☐ 我会责备和攻击伴侣。
- ☐ 我使用绝对化语言“你总是”“你从不”。
- ☐ 我难以停下来与伴侣同调。
- ☐ 我很少对伴侣的体验好奇。
- ☐ 我试图回避或结束我不感兴趣的对话。
- ☐ 当我感到被误解时，会将事态升级。
- ☐ 我在生气时会抱怨。
- ☐ 我很难谈论自己的感受。
- ☐ 我争取受害者的位置。

拿出勇气，抢先提

这个练习需要大量的个人责任和勇气。因为它要求我们提出一个当前不在台面上的话题，即提出一个某些自我部分想要回避的问题。这是一个你不想谈及的话题，因为它有可能破坏本来可能完美的一天，或者可能会使已经糟糕的一天变得更糟。在这个练习中，请思考一个你和伴侣之间感觉困难或未完成的话题或情境。它可以是任何困难话题，从金钱、性、孩子到信任破裂，或者只是提到昨晚晚餐时你不喜欢自己说话的方式。无论是什么问题，请确保它对你的伴侣很重要，并且属于你感觉自己可以承担更多责任的范畴。

回顾一下那些未完成或曾经对你们伴侣关系造成困扰的话题，尤其是那些对你的伴侣重要的话题。觉察你在这个话题上出现的想法、感受、自我部分和叙事。在符合你的情绪和行为的陈述前的方框中打钩。

- □ 我在情感上封闭了自己。
- □ 我开始变得极为戒备。
- □ 我不想谈论它，我生气了。
- □ 我在脑海中编织了一个不公平、不真实或缺乏同情心的故事。
- □ 我经常为了赢而争论。
- □ 我没有用开放的心态倾听。
- □ 我只关心自己。
- □ 我在谈话中运用拖延战术。
- □ 我之所以这样做是因为我知道你不会说什么。
- □ 在这件事上，我没有选择你。
- □ 我是出于恐惧而不是爱来行动。

现在，你已经找到了你想要对此负责的方面，是时候提出来了。你可以以这样的方式开始："嘿，我知道性、金钱、孩子是困难的话题，我想先承认我在这方面不是一个心胸开阔的倾听者，而且我只关心自己。"

困难的部分是"抢先提"。你内心可能会有一些抵触，不愿意谈论这个问题。然而，很多时候当伴侣中的一方表现出愿意去探讨曾经的困难话题并承担责任时，会给这段关系带来深层次的认可。通常伴随着这种认可的是一种开放和缓和的氛围。话虽如此，请注意，当你尝试这个练习时，你的伴侣可能会不知道如何反应。“未言之事抢先提”可能意味着你们之间互动方式会发生戏剧性的转变。此外，你的伴侣可能有一些积压的情绪，现在他有了倾诉出来的机会。如果发生这种情况，请记得要认可他的体验。

接下来，如果可以的话，请使用“好好道歉”部分提供的方法尽可能地进行补偿。

摆脱竞争

竞争可能会快速渗入浪漫伴侣的关系中。在意识到之前，我们的关系可能会从充满激情和同情心的状态变得充满竞争欲和好胜心。让伴侣成为房间里最聪明的人吧，这有助于消除可能破坏伴侣间柔软感情的竞争心态，我们得停下来真正欣赏我们的伴侣。当我们退后一步让伴侣闪耀时，我们可以第一次或者再次发现他的特别之处。

在我写这本书的过程中，我亲身体会到了这一点。本书的绝大部分内容是阿什莉编辑的。在写作过程中，我发现自己有时会对她的建议有所抵触，并在词语选择和概念安排上变得防御和好胜。有一次，我想起了我在伴侣治疗过程中使用的练习，即让你的伴侣成为房间里最聪明的人。当我这样做时，我对我们之间所产生的能量感到惊讶。我立刻再次看到了她闪耀的才华和智慧。更重要的是，这本书也因此变得更加精彩。“让伴侣成为房间里最聪明的人”是一种可以随时进行的练习。请注意，这个练习的本质是：不过多诠释。

练习步骤

每当你和伴侣意见不合或观点不同时，退后一步，深呼吸，有意识地给伴侣留出空间，让他成为房间里最聪明的人，让他闪耀并成为焦点。请根据以下几个维度觉察你的内心反应。

- 当伴侣讲话时，注意你的想法和感受。
- 当他说出你不认同的观点时，觉察会发生什么。
- 觉察你内心出现的任何想要争吵的自我部分。
- 请求这些部分退后一步。
- 觉察当你不反击时，以及放下对正确或赢的执着时会发生什么。
- 出于好奇而不是好胜心提出问题，比如“你对此有什么感觉？”“那是什么感觉？”“你是从哪里知道这个的？”

转变思维方式

在这个练习中，你需要审视一下你与伴侣的关系，并思考自己是否过于自我关注甚至自私。这是一个机会，让你注意到自己在与伴侣相处时可能需要更加慷慨的地方。正如我之前所说的，争吵时我们会变得非常自我。当一段关系变得对立、我们感到需要通过竞争来使自己的感受得到关注时，我们会变得更加封闭和不慷慨。请你尽可能诚实自省地回答以下问题。即使你并没有特别关注自我，我们仍然可能陷入这些陷阱。这些问题可以帮助你从以“我”为中心的思维方式转变为以“我们”为中心的思维方式。

安排 45 分钟的时间与你的伴侣讨论这些引人深思的问题。请花 1 分钟邀请你最具爱心和智慧的自我部分参加这个练习。轮流问对方这些问题。或者，你可以以书面形式回答这些问题，然后与对方分享。

- □ 在我们的关系中，是否有我需要回顾、道歉或承担责任的问题或情况?
- □ 我是否曾经回避过困难的谈话，如果是，它们是什么?这些谈话可能涉及令我或伴侣不舒服的话题，它们可能会引发愤怒、羞耻或尴尬等不好的感受。这些是“我们”为建立更好的关系需要谈论和解决的问题，但会让你或“我”在某种程度上感到不舒服。
- □ 在我们之间是否存在“我沉浸于自己的良好意图而不聆听你的感受”的情况?
- □ 我是否公平地争论?我们的关系是不是零和游戏?
- □ 当我受伤、沮丧或生气时，我是否采用爱的禁运的策略?
- □ 在我们的关系中是否有任何地方我可以承担更多的个人责任?

这些问题并不容易。它们的目的不是为了挑起争端，而是为了促进开放和诚实的沟通。如果这个练习引发了对立或争吵，那么你们中至少有一个人没有展现出最明智和情感成熟的自我部分。如果有困难，请参考第二张练习清单。

荒野营地的启发

当我 30 岁的时候，生活陷入了一片混乱。我体重超标，沉迷酒精，正处在离婚问题的当口。我决定剥离一切，于是去了一个成人荒野营地。在那里，我两周没有洗澡，在户外如厕，吃着冰冷的食物，没有咖啡和酒精，11

月在北卡罗来纳山区的雪地里睡觉……除此之外，我还要承担个人责任。在这个营地里，有一项特别的练习深深印在我心里。每天早上，我们会起床并为这一天设定目标。它们可以是不评判他人、正念沟通、管理愤怒、学习接受、培养同情心，或者仅仅是不自责。无论主要目标是什么，一天结束时我们都会进行总结。在这个过程中，其他营员会告诉你他们认为你做得如何。这带来很多启发，有时候也很困难，但我们帮助彼此对自己想要改变的事情负责，这产生了巨大的影响，尤其是因为知道每天结束时我们必须谈论自己的表现。基于这样的背景，我向你推荐这个练习。

练习步骤

- 和你的伴侣安排一个练习的时间。你们需要 20 ～ 30 分钟来讨论这个练习的初始阶段。
- 第一次会谈：为本周设定一个目标。它可以是我在这个练习的介绍中提供的任何一个目标，也可以是你自己的目标，或者是前 4 张练习清单中的一个。例如，你可以对自己的正念或同调能力、自我部分或者自己的叙事负责。你也可以承担更多选择伴侣的责任，减少竞争，或者从“我”的思维方式转变为“我们”的思维方式。无论你选择哪个方面，这些都是你本周的目标。你要对实现这个目标负起百分之百的责任。没有借口，全部责任都在你身上。
- 在第一次练习结束时，请为你们的后续会谈安排一个时间（5 ～ 7 天之后）。
- 在这一周里，用日记记录进展。记录你注意到自己行为上的差异以及它在你的伴侣身上产生的影响，同时记录什么时候感到困难，什么时候感觉自己犯了错或完全忘了自己的目标。
- 第二次会谈：讨论这个练习的进展。大致讨论一下你的体验。你觉得有什么挑战？你学到了什么？

- 问问你的伴侣他觉得你在实现目标方面做得如何。
- 当你评估你的伴侣的努力时要注意，这不是在争论或伤害，而是在提供建设性的批评。如果可能的话，先肯定他做得好的地方，然后温和地在遇到困难的地方给他鼓励。
- 当轮到你接受伴侣的评估时，邀请你最明智的自我部分参与其中，并尽可能保持开放的心态。这是一个让你的伴侣成为房间里最聪明的人的机会。

文化之汤

就像企业或球队一样，伴侣之间也需要有一个使命宣言来共同构想他们关系的前景。根据我的经验，实际上很少有人会这样做。大多数人认为他们与伴侣有着相同的观点、理想、行为边界，对如何相互对待和沟通也有相同的理解。许多伴侣就像我之前提到的文化之汤的隐喻，背对着彼此，盲目地将各种配料扔进关系的汤锅里，并希望最终“汤是美味的”。在这个练习中，我鼓励伴侣们转过身来，面对彼此。在这里，他们可以有意识地决定什么是适合他们关系文化的，什么是不适合的。换句话说，这是一个讨论哪些行为是可以接受的，哪些行为是不可以接受的时候，也是一个对自己和伴侣诚实、承担责任并提出要求的时候。

练习步骤

- 留出大约 1 小时的时间来完成这个练习。
- 记住，你和伴侣不一定要制定法条或规章，而是达成协议。协议意味着双方都选择这样做，并且同意尽力遵守。

- 首先，从你想要改善的方面开始。你意识到自己哪些方面需要改善？例如，你可以与伴侣约定不要失去冷静并冲出房间。如果你需要休息，可以进行“正念离场”并设定一个返回时间。冲出房间不是这段关系文化的一部分。再例如，你可以与伴侣约定停止互相谩骂或以不尊重对方的方式说话，你可能要首先保证自己不再谩骂，不再让谩骂成为你们关系文化的一部分。
- 在陈述了你个人想要改善的事情之后，现在是请求你的伴侣承担某些责任的时候了。这些请求可以像这样：“为了使我们更好地联结，我想要请求你在生气时更负责地沟通。”或者也可以像这样：“我想要请求当你承诺会在某个时间回家时能够履行诺言，如果会有延迟，请及时让我知道。”
- 当你是接受请求的一方时，请尽最大努力以智慧的自我部分呈现，以开放的心态倾听，并努力让你的伴侣成为房间里最聪明的人。
- 最后，关注一下双方的感受。如果还有需要处理的问题，请留出时间来表达和认可。

和我一起前行

吸收有用的东西，丢弃无用的东西，并添加属于你自己的东西。

——李小龙

在整本书中，我反复提到“创造关系文化”的观念，即当伴侣在一起时，他们会通过自己的行为、规范和习惯创造出一种独特的相处文化。在大多数情况下，这种创造依靠默契完成，它建立在假定和期望之上。除金钱、性、孩子或宗教信仰等重要问题外，伴侣双方很少进行对话或商讨。有一些伴侣会来参加婚前咨询。然而，在我的经验中，大部分从咨询中习得的道理并没有很好地被运用到咨询室之外。我们在多巴胺的迷雾中足够舒适，以至于常常把行为和沟通方式的边界留给爱会征服一切的假定：如果彼此足够相爱，一切都会顺利。这些老话在新鲜的迷惑爱之外被证明是脆弱和不可靠的。想象一下，两人背对背站着，中间有一口巨大的汤锅。两人各自阅读着一份关系配方，那是从自己过去的关系和原生家庭中带来的配方。两人都盲目、漫无意识、毫无交流地把配料扔过肩头，希望一切能顺利，配料会以某种方式混合，汤会尝起来很美味。如果我们真的要一起做汤，我们就应该一起讨论配料，讨论胡萝卜、洋葱和豌豆的配比。同样，我们也应该在我们浪漫关系的“文化之汤”中有意识地投入什么。我们应该对如何互动、沟通和联结，如何处理彼此的想法、感受和信念达成一致。如果这些方面的具体决策过于困难，我们至少应该有一个操作框架。“爱的清单练习法”就提供了这个框架。生活会带来各种形式的苦难，伴侣们应该有行动计划、工具箱和练习的方法来支持他们渡过难关。伴侣们将经受住时间的考验，并且保持对彼此的爱和尊敬。他们将学会用善良和同情来处理错误和过失，并且学会跨越由于糟糕的沟通和爱的禁运而产生的鸿沟。所有这些都可以通过练习实现。然而，这一切取决于一件事：你必须想要。你必须非常想要，并且当你内心的一切都告诉你要放弃时，你必须依然想要。比起想要正确和赢得胜利，你必须更想要它。如果你不这样做，这些练习最多只会带给你表面上的成功。关于这一点，我感到非常幸运，因为我在个人和专业方面都曾受到挑战，这些挑战使我能够将这些练习结合起来，不仅提供给我的来访者，也提供给我自己和我的伴侣。如果没有这样做，我也会像奥多诺休所说的那样，停留在“平庸和部分满足的低地”。[72]

很久以前，有人告诉我，永远不要要求来访者走你自己不愿意走的路。如果你决定在你的关系中接受这个挑战并踏上这条道路，请你相信，我和你一起在这条路上前行，面对自己的错误和过失、无意识和受伤的自我部分，努力尝试承担自己的责任，并努力在明天做得更好。因此，我敬重你，敬重你的努力和你的旅程。我鼓励你去练习，无论练习得好与坏，重点是每天都要练习，一直不停。

致 谢

致我美丽的、无与伦比的妻子阿什莉，你从头到尾仔细阅读了这本书的每一页、每一段和每一个字。没有你的爱和支持以及你非凡的编辑眼光，这本书就不会问世。谢谢你帮我实现了梦想。现在该轮到实现你的梦想了。

雨果・利连菲尔德（Hugo Lilienfeld），感谢你这些年来一直陪伴在阿什莉和我身边。你是最早让我相信这本书能够问世的人之一，谢谢你的信任。

苏珊・莱马克（Suzan Lemak），感谢你的善良、慷慨和智慧，感谢你“严厉的爱”以及你飞扬的眉毛和明朗的笑声。无论身在何处，你始终与我们同在。谢谢你提醒我要相信自己。

朱莉・温特（Julie Winter），当我们相遇时，我只是一团黏土，感谢你将我塑造成今天的临床治疗师。如果没有你和海利克斯（Helix）项目，这一切都不可能实现。

布赖恩・马洛伊（Brian Malloy），你让我有地可栖，让我腹中有食、身畔有酒。如果没有你和杰斯的支持，爱的清单练习法和这本书可能都无法实现。感谢你听我喋喋不休地念叨“我的书”“我的书”“我的书”……仿佛它是菲尔兹奖章[①]一样，这一切只有最好的朋友才能做到。

感谢诺德赛特出版公司（Nordly Set Litter Agency）的所有人：内森·沃格特（Nathan Vogt）、伊莎贝尔·布里克（Isabelle Bleeker），特别是詹妮弗·汤普森（Jennifer Thompson），你们在被遗忘的垃圾箱中找到了我。当少有人相信我和这本书时，你们选择了相信。感谢你们一直以来的支持和不懈的付出。

感谢罗曼和利特菲尔德出版公司（Rowman & Littlefield）的苏珊娜（Suzanne），谢谢你为我这个新人作者付出的时间和耐心。

最后，感谢所有时不时为我的生活制造困难的人。无论是有意还是无意，你们给了我韧性和毅力，让我赢得我认为可能的东西、创造值得拥有的人生。你们以自己的方式参与其中，所以，谢谢你们如此糟糕！你们知道我说的是谁，哈哈。

① 菲尔兹奖章（Fields Medal），数学领域的国际最高奖项之一。——编者注

The Practice of Love

注释与参考书目

考虑到环保的因素，也为了节省纸张、降低图书定价，本书编辑制作了电子版的注释与参考书目。请扫描下方二维码，直达图书详情页，点击“阅读资料包”获取。

未来，属于终身学习者

我们正在亲历前所未有的变革——互联网改变了信息传递的方式，指数级技术快速发展并颠覆商业世界，人工智能正在侵占越来越多的人类领地。

面对这些变化，我们需要问自己：未来需要什么样的人才？

答案是，成为终身学习者。终身学习意味着永不停歇地追求全面的知识结构、强大的逻辑思考能力和敏锐的感知力。这是一种能够在不断变化中随时重建、更新认知体系的能力。阅读，无疑是帮助我们提高这种能力的最佳途径。

在充满不确定性的时代，答案并不总是简单地出现在书本之中。“读万卷书”不仅要亲自阅读、广泛阅读，也需要我们深入探索好书的内部世界，让知识不再局限于书本之中。

湛庐阅读 App：与最聪明的人共同进化

我们现在推出全新的湛庐阅读 App，它将成为您在书本之外，践行终身学习的场所。

- 不用考虑“读什么”。这里汇集了湛庐所有纸质书、电子书、有声书和各种阅读服务。
- 可以学习“怎么读”。我们提供包括课程、精读班和讲书在内的全方位阅读解决方案。
- 谁来领读？您能最先了解到作者、译者、专家等大咖的前沿洞见，他们是高质量思想的源泉。
- 与谁共读？您将加入优秀的读者和终身学习者的行列，他们对阅读和学习具有持久的热情和源源不断的动力。

在湛庐阅读App首页，编辑为您精选了经典书目和优质音视频内容，每天早、中、晚更新，满足您不间断的阅读需求。

【特别专题】【主题书单】【人物特写】等原创专栏，提供专业、深度的解读和选书参考，回应社会议题，是您了解湛庐近千位重要作者思想的独家渠道。

在每本图书的详情页，您将通过深度导读栏目【专家视点】【深度访谈】和【书评】读懂、读透一本好书。

通过这个不设限的学习平台，您在任何时间、任何地点都能获得有价值的思想，并通过阅读实现终身学习。我们邀您共建一个与最聪明的人共同进化的社区，使其成为先进思想交汇的聚集地，这正是我们的使命和价值所在。

浙江省版权局图字：11-2024-307

图书在版编目（CIP）数据

爱的清单 /（美）莱尔·托伦特著；吴雨晴译．杭州：浙江科学技术出版社，2025. 2. — ISBN 978-7-5739-1619-8

Ⅰ. C913.13-49

中国国家版本馆 CIP 数据核字第 2025CW6524 号

书　　名　爱的清单
著　　者　莱尔·托伦特
译　　者　吴雨晴

出版发行　浙江科学技术出版社
地址：杭州市环城北路 177 号　邮政编码：310006
办公室电话：0571－85176593
销售部电话：0571－85062597
E-mail:zkpress@zkpress.com
印　　刷　天津中印联印务有限公司

开　本	710mm×965mm　1/16	印　张	17.75
字　数	235 千字	插　页	1
版　次	2025 年 2 月第 1 版	印　次	2025 年 2 月第 1 次印刷
书　号	ISBN 978-7-5739-1619-8	定　价	109.90 元

责任编辑　余春亚　　**责任美编**　金　晖
责任校对　张　宁　　**责任印务**　吕　琰